公認会計士
佐藤信祐 著

必要なものだけ

事業承継

税務上の有利・不利と不要な資産の売り方

中央経済社

はじめに

　かつては，なるべく多くの事業及び資産を承継するために，相続税を引き下げることを主目的とする事業承継対策が一般的でした。しかし，近年では，相続税を引き下げたとしても，事業が毀損しては意味がないため，必要な資産だけを事業承継の対象とし，それ以外の資産を譲渡することにより，相続税の納税資金や事業の運転資金に充当することも多くなりました。

　譲渡の対象となる資産の多くは不動産であり，平成29年度税制改正により使い勝手の良くなった適格分割型分割のスキームを利用した手法も用いられています。すなわち，平成29年度税制改正により，①不動産そのものを譲渡する方法，②譲渡対象外の事業を簿価で切り離してから不動産M&Aを行う方法，③譲渡対象外の事業を時価で切り離してから不動産M&Aを行う方法のうち，最も有利な方法を選択することにより，事業承継の対象から除外された不動産を譲渡し，相続税の納税資金や事業の運転資金に充当することが可能になりました。さらに，このような手法は，事業のM&Aにも利用することができます。後継者にすべての事業を承継させるのではなく，一部の事業のみを承継させ，残りの事業を外部に譲渡することにより，後継者が効率的に事業を営むことが可能になります。

　その一方で，従来型のM&Aスキームのほとんどは，役員退職慰労金を支払ったうえで株式を譲渡する手法が用いられていますが，相続税の観点からすると，決して有利な方法であるとは言い難く，譲渡側の相続税を含めたM&Aスキームの検討が必要であると言われ始めています。さらに，平成30年度税制改正により，非上場株式等に係る贈与税及び相続税の納税猶予の特例が使いやすくなったことにより，残った事業に対して，これらの制度を利用することができるかどうかの検討も必要になりました。

　そのほか，すべての事業をM&Aの対象にするものの，不動産をM&Aの対象から除外したいというニーズも少なくありません。例えば，事業譲渡により，

事業譲渡法人に譲渡代金が入金された場合には，事業譲渡法人は，不動産と多額の預金を有する法人になります。当該法人の株式を事業承継の対象にした場合には，不動産と預金を承継するよりも，相続税が安くなることがあります。

このような事業承継の変化と平成29年度及び平成30年度税制改正による影響があることから，必要な資産だけを後継者に承継する場合の取扱いをまとめた書籍が必要であると考え，本書の刊行に至りました。本書が，事業承継に携わる実務家の方々のみならず，事業承継に悩まれている被相続人，相続人の方々のお役に立つことができれば幸いです。

本書では，平成30年4月1日時点で公表されている法律，政令，省令及び取扱通達をもとに，解釈できる範囲内での私見により編集しました。実務では，個別の事実関係により柔軟に対応すべき場合もあり得る点にご留意ください。

また，本書では，連結納税，国際税制，公益法人等の特殊な取扱いについては，これらに係る規定の適用を受けない方々に無用の混乱を招く可能性があるため，解説を省略していることをあらかじめご了承ください。

本書の執筆に際して，桐林真由氏，多田梨恵氏にご協力をいただきました。この場を借りて感謝いたします。

最後になりましたが，本書を企画時から刊行まで担当してくださった中央経済社の末永芳奈氏に感謝を申し上げます。

平成30年5月

公認会計士　佐藤　信祐

i

目　　次

はじめに

第1章　なぜ，必要な資産だけ事業承継するのか　　1

1　家督相続から法定相続へ ……………………………………… 1

2　規模の経済と規模の不経済 …………………………………… 4

3　経営者は育つかもしれないが，よき参謀は育たない ………… 6

4　どの事業をM&Aの対象にするのかの判断 ………………… 8

5　所有と経営の分離の失敗 ……………………………………… 10

6　不動産投資による弊害 ………………………………………… 13

7　事業承継は3代目で決まる …………………………………… 14

第2章　事業承継対策としての事業及び資産の選別と税務上の取扱い　　15

1　必要な事業及び資産の選別の考え方 ………………………… 15

2　財産評価基本通達における非上場株式の評価 ……………… 16

　(1)　概　　要 ………………………………………………………… 16

　(2)　原則的評価方式 ……………………………………………… 17

　　①　概　　要 …………………………………………………… 17

　　②　会社規模の判定 …………………………………………… 18

　　③　類似業種比準方式 ………………………………………… 19

　　④　純資産価額方式 …………………………………………… 21

　　⑤　特定の評価会社の株式 …………………………………… 25

3　実態純資産の調査と含み損の実現 …………………………… 28

(1)	貸借対照表上の純資産と実態純資産に差異が生じる理由 ……… 28
(2)	実態純資産の調査と相続税対策 ……………………………… 29
	① 類似業種比準価額の引下げ ………………………………… 29
	② 純資産価額の引下げ ………………………………………… 30

4 不動産の譲渡 ……………………………………………………… 30

(1) **不動産譲渡の手法** ……………………………………………… 30

　① 不動産をそのまま譲渡する手法 ……………………………… 31

　② 不動産会社の株式を譲渡する手法 …………………………… 32

(2) **不動産の譲渡と相続税評価額への影響** ……………………… 34

　① 不動産をそのまま譲渡する場合 ……………………………… 34

　② 不動産会社の株式を譲渡する場合 …………………………… 35

(3) **納税資金の確保と後継者以外の相続人に対する遺産分割** … 36

5 M&A ……………………………………………………………… 37

6 役員貸付金，役員借入金の解消 ……………………………… 38

7 非上場株式等に係る贈与税及び相続税の納税猶予の特例 …… 40

(1) **平成30年度税制改正** …………………………………………… 40

(2) **非上場株式等に係る贈与税の納税猶予制度** ………………… 43

　① 制度の概要 …………………………………………………… 43

　② 適用対象会社 ………………………………………………… 45

　③ 贈与者が死亡した場合の取扱い …………………………… 48

(3) **非上場株式等に係る相続税の納税猶予制度** ………………… 48

(4) **M&Aへの影響** ………………………………………………… 49

| 第3章 | 最低限押さえておきたいM&A税務の基礎 | 51 |

1 法人税及び所得税の概要 ……………………………………… 51

(1) **法人税の概要** …………………………………………………… 51

　① 繰越欠損金 …………………………………………………… 51

② 受取配当等の益金不算入 ·· 51

　(2) **所得税の概要** ··· 53

　　　① 配当所得課税 ·· 54

　　　② 譲渡所得課税 ·· 54

　　　③ 退職所得課税 ·· 55

2 **組織再編税制** ··· 56

　(1) **概　　要** ··· 56

　(2) **税制適格要件** ··· 57

　　　① 合　　併 ·· 60

　　　② 会社分割 ·· 63

　(3) **繰越欠損金と特定資産譲渡等損失** ······································· 66

　　　① 繰越欠損金の引継ぎ ·· 66

　　　② 繰越欠損金の引継制限 ·· 66

　　　③ 繰越欠損金の使用制限 ·· 67

　　　④ 特定資産譲渡等損失の損金不算入 ···································· 67

3 **不動産取得税** ··· 68

　(1) **原則的な取扱い** ··· 68

　(2) **非課税要件** ··· 69

4 **登録免許税** ··· 70

5 **消 費 税** ··· 71

6 **印 紙 税** ··· 71

第4章　相続税対策を考慮したM&Aの手法　　73

1 **一般的なM&A手法** ··· 73

　(1) **株式を譲渡する手法と事業を譲渡する手法** ······························· 73

　　　① 株式譲渡 ·· 73

　　　② 事業譲渡 ·· 75

③ 会社分割 ……………………………………………… 76

(2) 株式譲渡方式のメリット ……………………………… 78

(3) 役員退職慰労金の支給 ………………………………… 81

① 役員退職慰労金を支払った場合の取扱い …………… 81

② 株式譲渡スキームとの組み合わせ ………………… 82

③ 過大役員退職慰労金 …………………………………… 82

2 株式譲渡方式は本当に有利なのか ……………………… 83

(1) 売り手側からの観点 …………………………………… 83

① 基本的な問題点 ………………………………………… 83

② 零細企業のM&A ……………………………………… 87

③ 債務超過会社のM&A ………………………………… 90

(2) 買い手側からの観点 …………………………………… 91

3 一般的なM&Aのニーズ ………………………………… 94

4 必要な資産だけを事業承継する手法 …………………… 96

(1) 平成29年度税制改正と手法の選択 …………………… 96

(2) M&A対象外の事業を簿価で切り離してから株式を譲渡する手法
……………………………………………………………… 99

① 平成29年度税制改正の概要 ………………………… 99

② 適格分割型分割を利用したM&A手法 ……………… 99

(3) M&A対象外の事業を時価で切り離してから株式を譲渡する手法
……………………………………………………………… 101

(4) 手法選択の基本的な考え方 …………………………… 103

(5) M&A対象の事業が含み益であり，M&A対象外の事業が含み損
である場合 ……………………………………………… 106

① 事業譲渡益と相殺できるだけの損失の利用 ……… 106

② 事業譲渡益を実現させない方法 …………………… 107

(6) いずれの事業も含み益である場合 …………………… 108

5 相続税評価額への影響 ………………………………… 110

目　次　v

第5章　有利・不利判定　113

1　不動産を対象としたM&A ………………………………… 113

(1)　譲渡対象の不動産が含み損であり，譲渡対象外の事業が含み益
である場合 …………………………………………………… 113

 ①　基本的な考え方 …………………………………………… 116

 ②　被買収会社に十分な収益力がない場合 ……………… 117

 ③　役員退職慰労金の支給 …………………………………… 118

 ④　相続税対策からの検討 …………………………………… 118

(2)　譲渡対象の不動産が含み益であり，譲渡対象外の事業が含み損
である場合 …………………………………………………… 119

 ①　基本的な考え方 …………………………………………… 128

 ②　代替的な手法 ……………………………………………… 128

 ③　結　論 ……………………………………………………… 129

 ④　相続税対策からの検討 …………………………………… 130

(3)　いずれの資産も含み益である場合 ……………………… 130

(4)　いずれの資産も含み損である場合 ……………………… 132

(5)　被買収会社に多額の繰越欠損金がある場合 …………… 136

 ①　譲渡対象の不動産が含み損であり，譲渡対象外の事業が含み
益である場合 ……………………………………………… 136

 ②　譲渡対象の不動産が含み益であり，譲渡対象外の事業が含み
損である場合 ……………………………………………… 143

 ③　いずれの資産も含み益である場合 …………………… 148

 ④　いずれの資産も含み損である場合 …………………… 152

2　事業を対象としたM&A ……………………………………… 153

(1)　M&A対象の事業が含み損であり，M&A対象外の事業が含み益
である場合 …………………………………………………… 153

(2) M&A対象の事業が含み益であり，M&A対象外の事業が含み損
である場合 ·· 153

(3) いずれの事業も含み益である場合 ··································· 163

(4) いずれの事業も含み損である場合 ··································· 163

(5) 被買収会社に多額の繰越欠損金がある場合 ···················· 164

① M&A対象の事業が含み損であり，M&A対象外の事業が含
み益である場合 ··· 164

② M&A対象の事業が含み益であり，M&A対象外の事業が含
み損である場合 ··· 164

③ いずれの事業も含み益である場合 ································ 172

④ いずれの事業も含み損である場合 ································ 176

第6章　特殊な論点　177

1 適格分割型分割と譲渡価額の調整 ································· 177

(1) 株式譲渡損益の計算 ··· 177

(2) 譲渡対価の調整方法 ··· 179

(3) 役員退職慰労金の支給 ··· 180

2 適格分割型分割と清算スキーム ··································· 181

(1) 条文解釈上の問題点 ··· 181

(2) 実務上の問題点 ··· 183

3 株式移転＋会社分割または現物分配を利用したM&A手法 ···· 183

(1) 平成29年度税制改正 ··· 183

(2) 株式譲渡が見込まれている単独株式移転に対する税制適格要件
の判定 ··· 184

(3) 非適格株式移転の税務処理 ··· 185

(4) 非適格株式移転を利用したM&Aスキーム ·························· 187

① 非適格株式移転後の株式譲渡 ······································· 187

目　次　vii

　　② 非適格株式移転＋現物分配後の株式譲渡 ……………… 188

　　③ 非適格株式移転＋剰余金の配当後の株式譲渡 ………… 189

　　④ 非適格株式移転＋分割型分割後の株式譲渡 …………… 190

　　⑤ 包括的租税回避防止規定の検討 ………………………… 191

　(5) ま と め ……………………………………………………… 191

4 相続開始後のM&A ……………………………………………… 192

第7章　繰越欠損金を利用した節税手法　　193

1 組織再編税制 ……………………………………………………… 193

(1) M&Aと繰越欠損金 ……………………………………………… 193

(2) みなし共同事業要件 …………………………………………… 196

　① 概　要 ………………………………………………………… 196

　② 事業関連性要件 ……………………………………………… 197

　③ 事業規模要件 ………………………………………………… 198

　④ 事業規模継続要件 …………………………………………… 200

　⑤ 特定役員引継要件 …………………………………………… 201

(3) 時価純資産超過額または簿価純資産超過額がある場合の特例 … 202

(4) 特定資産譲渡等損失からの除外 ……………………………… 203

　① 繰越欠損金の引継制限・使用制限 ………………………… 203

　② 特定資産譲渡等損失の損金不算入 ………………………… 204

(5) 譲渡等損失からの除外 ………………………………………… 208

(6) ま と め ………………………………………………………… 208

2 欠損等法人 ………………………………………………………… 208

viii

凡例

正式名称	略　称
法人税法	法法
法人税法施行令	法令
法人税法施行規則	法規
法人税基本通達	法基通
所得税法	所法
相続税法	相法
相続税法基本通達	相基通
登録免許税法	登免法
租税特別措置法	措法
租税特別措置法施行令	措令
財産評価基本通達	財基通
地方税法	地法
地方税法施行令	地令
中小企業における経営の承継の円滑化に関する法律	円滑化法
中小企業における経営の承継の円滑化に関する法律施行令	円滑化令
中小企業における経営の承継の円滑化に関する法律施行規則	円滑化規

　本書の記述は，平成30年4月1日現在の法令等に依ります。

第1章

なぜ，必要な資産だけ事業承継するのか

　かつての事業承継対策は，相続税の引下げ，納税資金の確保，後継者への議決権の集中のために行われることが多かった。

　これに対し，最近では，必ずしも親族が事業を承継する必要がなくなったことから，M&Aを行ったり，所有と経営を分離させたりすることも増えてきた。さらに，親族が事業を承継する場合であっても，事業を承継する前に，不採算な事業や資産を処分することも検討されるようになった。

　本章では，不採算な事業や資産を処分し，必要な資産だけを事業承継する必要性について解説を行う。

1 ┃ 家督相続から法定相続へ

　戦前の民法は，家督相続の考え方が採用されていた（旧民法294）。戦後の民法改正により，家督相続が廃止され，原則として，相続人が均等に遺産を承継することになり（民法900），遺言書がある場合であっても，各相続人に対して遺留分が認められるようになった（民法1028）。

　それでも，昭和の時代には，家督相続の文化は依然として残っていたように思われる。70代，80代の経営者とお会いすると，事業を承継する子供が財産のほとんどを承継するのが当然であると考えている方も少なくない。これに対し，50代，60代の経営者とお会いすると，事業を承継しない子供にもそれなりの財産を残してあげたいと考えている方が増えているように思われる。40代の経営者にもなると，自分の子供に事業を承継させるつもりがない方も増えている。

　このように，家督相続の文化が薄れていくと，事業を承継しない相続人にも，

それなりの財産を残す必要が出てくる。そのような場合に，一般的に行われている手法として，分割型分割という手法が挙げられる。分割型分割とは，分割の日において当該分割に係る分割承継法人株式のすべてが分割法人の株主に交付される場合の当該分割をいう（法法2十二の九イ）。すなわち，分割法人の株主に対して，分割承継法人株式が交付されるため，下図のように，分割法人と分割承継法人が兄弟会社の関係になる。

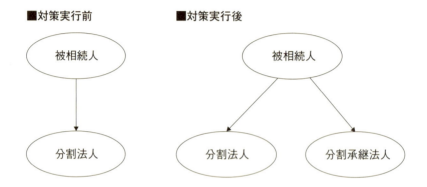

そして，この分割型分割により，分割承継法人に対して，不動産賃貸業や金融商品を移転させておけば，生前贈与または相続のタイミングで，分割法人の株式を事業を承継する相続人に，分割承継法人の株式を事業を承継しない相続人に分けることが可能になる。

このような分割型分割は，分割法人と分割承継法人の発行済株式のすべてが同一の者である被相続人によって保有されており，かつ，分割後に，被相続人とその親族によって保有されることが見込まれていることから，適格分割型分割に該当する（法法2十二の十一，法令4の3⑥）。なぜなら，税制適格要件の判定では，株主が個人である場合には，その親族等を含めて支配関係及び完全支配関係の判定を行うからである（法令4の2，4①）。

しかし，事業を承継しない相続人からすれば，不動産賃貸業や金融商品を有する分割承継法人株式を相続するよりも，現金預金を相続したほうが，その後の人生設計がしやすいという問題がある。身も蓋もない言い方をすれば，5億

円の価値のある非上場株式よりも，１億円の現金預金のほうがありがたいと思っている30代，40代の相続人はかなり多い。なぜなら，相続税が高くなったとしても，非上場株式や不動産よりは，安定性かつ流動性の高い現金預金を承継したいと思っているからである。さらに，事業を承継する相続人が10億円の価値のある非上場株式を承継したとしても，事業を承継しない相続人からすれば，非上場株式の承継に興味がないことから，現金預金を１億円承継することができれば，争族が起きにくいというメリットもある[1]。

　このように，事業を承継しない相続人に対して，ある程度の財産を承継させるという観点から，事業承継に必要のない資産を処分し，現金化するということも，実務では行われている。

補足 分割型分割の相続税法上のデメリット

　なお，上記の分割型分割を用いたスキームは，相続税法上，分割型分割により，それぞれ引き継がれる事業会社が分かれることにより，財産評価基本通達における規模区分が，大会社から中会社，小会社に変わってしまうという問題がある。そのため，会社規模の縮小により，折衷方式を採用したとしても，純資産価額方式の折衷割合が高くなることが考えられる。一般的には，類似業種比準方式のほうが低い株価となることが多く，株価を引き下げる対策もやりやすいため，相続税対策という観点からは不利になることが多い。

　そのほか，平成30年度税制改正で使いやすくなった「非上場株式等に係る贈

1　テレビドラマなどを観ていると，超富裕層において争族が起きているように思われるが，過去の経験上，遺産総額が少なくなるほど争族が多くなるように思われる。それぞれの相続人の感覚によっても異なるが，一般的には，自宅と老後の資金が確保できれば，遺産分割が不公平であっても，異議を述べない相続人が多いからである。さらに，換金性の乏しい非上場株式を相続した場合であっても，当該非上場株式に対する相続税を負担せざるを得ない。そのため，事業を承継しない相続人からすれば，そのような相続税を負担するよりは，現金預金を相続し，当該現金預金に対する相続税だけを負担したいというのが普通の感覚である。すなわち，争族が起きないように遺産分割をするポイントは，事業を承継しない相続人が納得できる程度の現金預金を用意しておくことであると考えられる。

与税及び相続税の納税猶予の特例」の問題もある。なぜなら，事業を承継しない相続人が相続した分割承継法人株式が資産保有型会社または資産運用型会社に該当し，当該特例の適用を受けることができない可能性が高いからである（措法70の7②一ロ）。なお，資産保有型会社及び資産運用型会社の定義については，「第2章7　非上場株式等に係る贈与税及び相続税の納税猶予の特例」を参照されたい。

このように，分割型分割を行わず，事業を承継する相続人に非上場株式のすべてを相続させていれば，相続税が安くなっていた可能性が高いことから，相続税対策という観点からは極めて不利な手法になったといえる。

2 ┃ 規模の経済と規模の不経済

規模の経済とは，規模が大きくなると，収益が拡大しやすくなるだけでなく，1製品当たりのコストが削減されるため，事業が効率的に行えるようになるという考え方である。しかし，これは大企業では成立するが，中小企業では成立しないという考え方もある。

例えば，筆者が所属する公認会計士，税理士の業界では，以前は100人を超えると効率が良くなるという考え方があった（なお，後述するように，ITの進化により100人という数値には異論が出始めている）。ただし，100人を超えなくても，限定的なマーケットにおいて，トップのシェアを占めることができれば，効率的に事業を営むことができるという考え方もある。例えば，筆者の地元の新潟県小千谷市を例に挙げれば，同一の経済圏にある新潟県第5区（長岡市，小千谷市，魚沼市，南魚沼市，湯沢町）で，トップのシェアを占めることができれば，全国展開をする巨大会計事務所が現れたとしても，十分な利益を挙げることができる。さらに，医療法人や相続税に特化したうえで，その分野でトップのシェアを占めることができれば，総合型の巨大会計事務所が現れたとしても，十分な利益を挙げることができる。

しかし，それ以外の場合には，社長の目の届く事業規模のほうが効率的に事

業を行えることも多い。すなわち，中途半端な規模の状態では，「規模の不経済」が生じてしまうといえる。

このように，事業を長期的に行うためには，「適正規模」とは何かということを意識することが重要である。その意味では，日本経済が上向きであったときは，適正規模を意識していなくても，事業規模が拡大していくなかで，結果的に適正規模まで事業が拡大したことも多かった。しかし，バブル崩壊後の市場環境の変化により，適正規模に達する前の段階で，事業規模の拡大が終わってしまった事案も増えてきた。さらに，初代の社長にありがちであるが，事業意欲が高いことから，複数の事業を手掛けた結果，適正規模に達した事業と適正規模に達していない事業が混在している事案も多い。

なお，最近のIT化により，「適正規模」の水準がどんどん二極化しているように思われる。筆者が所属する公認会計士，税理士の業界では，300人にならないと効率が良くならないという人もいれば，1,000人ではないかという人もいる。その一方で，IT，物流が発達し，雑用の手間が極端に減ったことにより，従業員を雇わない零細事務所の効率性が高まっているという実態もある。この傾向は，AIが進化すれば，ますます強くなっていくと思われる。

これを事業承継に当てはめてみると，被相続人の時代には効率的な事業であったものが，相続人の時代には非効率な事業になってしまっていることも十分に考えられる。特に，最近では2代目から3代目への事業承継の相談が増えている。このような場合には，初代が80歳くらいまで事業に関与した結果，2代目への事業承継が終わった時には2代目が50歳を超え，10年後には次の事業承継を考えないといけない状態になってしまっている。なぜなら，2代目にしてみると，自分で作った会社でないことから，初代ほどは長く事業を続けるつもりがなく，80歳くらいまで事業に関与することは，それほど多くはないからである。

その結果，2代目が中継ぎに近い形で，実質的に初代から3代目への事業承継を行うということも増えてきた。このような場合には，初代が事業を行っていた頃とは市場環境があまりに異なることから，非効率な事業や資産が存在す

■組織の規模と効率性の関係

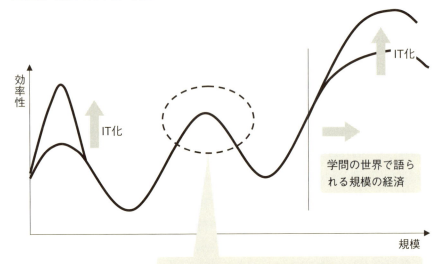

る可能性がいっそう高まる。3代目への事業承継を行う前に、このような事業や資産を整理し、3代目が効率的に事業を行えるようにしておくことも重要である。

3 経営者は育つかもしれないが、よき参謀は育たない

　事業承継対策は、遺産分割や相続税の対策だけではない。後継者を育成し、事業を継続できるようにすることも重要なことである。そして、従業員のいない零細企業ならともかくとして、それなりの規模の会社の場合には、後継者のブレーンを育てることも重要になってくる。これは、外部協力者を用意しておくことだけでなく、後継者を支える取締役や管理職の育成も含まれる。
　外部協力者を用意しておくことは、それほど難しいことではない。長く事業を行っていれば、すでに外部の協力者が存在していることが多いからである。

第1章　なぜ，必要な資産だけ事業承継するのか　7

　これに対し，後継者を支える取締役や管理職の育成は，かなり難しいというのが実感である。ゆとり世代がアラサー世代になり始めているが，ロストジェネレーション世代に比べて安定志向，大企業志向が強く，なかなか優秀なアラサー世代を中小企業が雇うことは難しくなっているからである[2]。

　また，職務の細分化，専門化が進んだということもあり，35歳，40歳になってくるとキャリアチェンジが難しくなるという問題もある。公認会計士，税理士の業界を例に挙げると，組織内会計士，税理士として期待されている能力と，外部の公認会計士，税理士として期待されている能力が違うことから，公認会計士や税理士としての経験があるからといって，後継者を支える優秀な財務担当役員や経理部長になるのかといわれれば，ケース・バイ・ケースと言わざるを得ない。

　さらに，前述のとおり，2代目から3代目への事業承継の場合には，初代が80歳くらいまで事業に関与していることが少なくない。この場合には，2代目を支えている取締役，管理職のほとんどは初代が育てた人材であり，たまたま2代目と年齢が近かったということがほとんどである。すなわち，2代目から3代目への事業承継では，約10年という短い期間の中で，初代と2代目が引退

2　最近の新しい試みとして，財務担当役員，経理部長のアウトソーシング（社外CFO）を検討することがある。優秀な従業員を集めることが難しくなる一方，ITの進化により，優秀な財務担当役員，経理部長が必要な工数は少なくなり，常駐である必要もなくなってきたからである。しかし，中小企業では，財務担当役員の役割のほとんどは，顧問税理士と経理部長が担ってきており，顧問税理士が申告書の作成や節税対策だけでなく，より広い視点でアドバイスができれば，それで足りるというのが実態である。このように業務の拡大した顧問税理士を社外CFOと言い換えているものも少なくないが，より一歩進んで，経理部長のアウトソーシングを検討することがある。しかし，経理部長は常駐するものと考えている経営者も少なくなく，経理部のスタッフはそのままで，経理部長のみをアウトソーシングするという考え方は，なかなか馴染まないようである。それでは，経理部のすべてをアウトソーシングしてしまえばよいという考え方もあり得るが，従業員数が20人〜30人くらいの会社であればともかく，それ以上になると，自前の経理部門があったほうが効率的であり，それも現実的ではないようである。今後，クラウド会計やAIが進化してくると，間接部門に多数の人材を配備する必要がなくなるだけでなく，経理部長と経理スタッフの中間的な役割を担う人材が不要になる可能性があり，そのような時代には，経理部長のみをアウトソーシングしたり，経理部門を丸ごとアウトソーシングしたりすることも増えてくると思われるが，現在では，試行錯誤の段階であるというのが実感である。

し，初代が育てた人材の多くも引退してしまうという開業以来の人材不足に陥ることも十分に考えられる。

これを解決する方法としては，上場ができるだけの規模に拡大するために，M&Aによる事業拡大を行うということが挙げられる。しかし，ほとんどの中小企業にとって，そこまでの事業拡大は非現実的であることも多いし，仮に事業拡大が可能であったとしても，資金調達のニーズがある場合を除き，上場のメリットがほとんどなく，コストがかかりすぎるという問題がある。

これに対し，不採算な事業や資産を処分することができれば，後継者の目の届く範囲で事業を行うことができるため，後継者を支えることができる取締役や管理職がわずかであったり，存在しなかったりする場合であっても，事業を効率的に行うことが可能になる。例えば，東京と大阪で事業を行っており，社長が月に2回ほど東京と大阪を往復している事案を想定してみよう。もし，大阪の事業を譲渡し，東京の事業に特化することができれば，わざわざ東京と大阪の間を往復する必要もないし，大阪の事業のために関与していた時間を東京の事業のために費やすことができるため，効率的に事業を行うことができる。このように，限られた経営資源をどのように使っていくのかという点は，事業承継において重要な論点であると考えられる。

4 | どの事業をM&Aの対象にするのかの判断

例えば，ある経営者がA事業とB事業を営んでいる場合において，A事業の営業利益が5億円，B事業の営業利益が1億円であるときに，B事業を譲渡し，A事業に特化していくべきであると考えるかもしれない。

しかし，M&Aでは，営業利益やEBITDAが高いほど，高い値段で譲渡することができるため，A事業を譲渡することにより，借入金を返済し，相続税を納付しても十分な運転資金を残すことができる場合があり得る。言い換えると，A事業の数年分の利益を一度に獲得することが可能になる。M&Aでは，「売りたくないときが売り時」という言葉があるように[3]，儲かっているときほど

高く売ることができる。

また，事業規模の点で，A事業を経営するためには優秀なブレーンが必要になり，B事業を経営するためには（後継者の目が行き届くことから）優秀なブレーンが不要な場合がある。たとえ現時点ではA事業のほうが収益性が高くても，長期的には優秀なブレーンが足りず，後継者の目も行き届かない結果，A事業の収益性は悪化する可能性がある。このような場合には，高い値段で譲渡できる段階でA事業を譲渡し，B事業のみを経営していくという選択肢も考えられる。

そして，一般的にM&Aには売り時というものもある。法律や経済情勢の変化により，売りやすい事業が変わってくるということである。ある時代には銀行の再編が進み，ある時代にはメーカーの再編が進んでいると感じたことはないだろうか。中小企業に対するM&Aであっても，5年前には売りやすかった事業が，利益はほとんど変わっていないのに，現在では売りにくい事業になっていることもある。

そのほか，どの事業をM&Aの対象にするのかを判断するうえで，その事業に従事している従業員の雇用が守られていくかどうかというのも重要なポイントである。もちろん，買い手も従業員の雇用を守っていくことを約束したうえでM&Aを行うことがほとんどであるが，その後のシナジーが十分に発揮できない場合には，結果として，M&Aの対象となった事業が悪化し，従業員の雇用が守られなかったり，昇給できなかったりすることも考えられる。したがって，M&Aの対象となる事業を成長させることができる買い手を探す必要がある。

このように，どの事業をM&Aの対象にするのかという判断は，外部環境と内部環境を分析したうえで行うべきである。

3 　山田ビジネスコンサルティング『よくわかる中堅中小企業のM&A活用法』23頁（日本経済新聞出版社，平成28年）。

5 所有と経営の分離の失敗

事業承継のご相談として,「当社には複数の事業があるから,事業ごとに会社を分けて,その上に持株会社を設立したい。そして,持株会社の社長を子供にやらせて,別の人間を事業会社の社長にしたい」というものがある。この場合,株式移転を行った後に分割型分割を行う手法が考えられる。なお,株式移転とは,一または二以上の株式会社がその発行済株式の全部を新たに設立する株式会社に取得させることをいう(会社法2三十二)。したがって,株式移転を行った場合には,事業会社(株式移転完全子法人)が,新たに設立された持株会社(株式移転完全親法人)の100%子会社になる。

■対策実行前

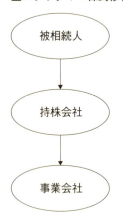

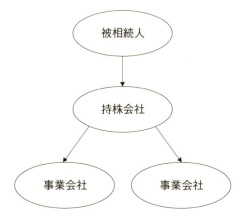

このような相談を受けるのは，すべての事業を子供が経営するのは難しいという理由によるものがほとんどである。つまり，子供に会社を所有させるが，経営は他の人間にやらせる，という所有と経営の分離を検討しているのである。

ただし，このような手法はあまりお勧めしない。なぜなら，オーナー社長と雇われ社長では，モチベーションに違いが生じるからである。もちろん，業績に応じた役員報酬を与えることで，モチベーションを維持するということも考えられるが，所有と経営が一致している同業他社の社長に比べると，リスクとリターンが違いすぎるため，高いモチベーションを維持するのは不可能である。さらに，雇われ社長であるために，事業会社の借入金に対する連帯保証人になることを嫌がることもあるが，連帯保証人になることを嫌がる経営者に事業を任せても，高い業績を達成することはできない。

また，子供が継がないから従業員に株式を安く譲渡して，その従業員にその会社を継がせたいという話も少なくない。これもほとんどうまくいかない。一般的には，株式を購入する資金や安く購入した場合の贈与税の問題が指摘されているが[4]，そもそもその従業員が経営者になりたいと思っていないという問題のほうが強いように思われる。

このように，所有と経営の分離は，上場企業ならともかくとして，中小企業では，ほとんど実現不可能なことであるというのが実感である。

> ### コラム　民主主義と独裁制
>
> 　ここ15年間くらいで，上場企業のコンプライアンスが厳しくなり，「成功すること」よりも「失敗しないこと」が重視されているように思われる。もちろん，このような傾向に対して「攻めの経営」を促そうとする動きはあるものの，社長の独断で好き勝手に事業を行えるわけではなく，さまざまな牽制機能は強化されたままである。
>
> 　筆者が所属する公認会計士，税理士の業界でも同じことがいえる。組織がどん

4　大山敬義『社長！　あなたの会社，じつは……高く売れるんです‼』Kindle版No.233-275（すばる舎，平成24年）。

どん大きくなると，チェック体制や教育体制が整備されていくが，その弊害として，スピードが遅くなったり，グレーな判断を避けるようになったりする。かつて，筆者の事務所が経験した事案であるが，クリスマスイブの夜にクライアントから電話がかかってきて，その翌日にミーティングに行ったところ，1月上旬の取締役会までに，意見書を3本書いてほしいという依頼を受けたことがある。私の正月休みはその時点でなくなったが，このようなスピード感のある対応というのは，個人事務所の強みの1つである。

　これは政治の世界にも通じるところがある。「民主主義は最悪の政治形態である。これまでに試みられてきた民主主義以外のあらゆる政治形態を除けば，だが。」というのは，イギリスの元首相ウィンストン・チャーチルの言葉であり，その真意については，さまざまな見解がある。これを我流に解釈すると，民主主義は，少数の独裁者の暴走を食い止めるという程度の長所しかなく，優秀な人格者が独裁者になったほうが望ましいことも少なくないと解したい。発展途上国では，政治的な安定が必要であることから一時的に独裁制が正当化されることがあるし，かつてローマでは共和制から帝政に移行したこともある。

　もちろん，世襲制となれば，優秀な人格者が続くということはあり得ないため，現在では，民主主義を採用している国が多い。上場企業においても，多数の投資家を募る以上は，社長と面識のない投資家のほうが多いことから，社長が優秀な人格者であるから，すべて白紙で委任するというわけにはいかず，一定の牽制機能が求められるというのはやむを得ないことである。

　つまり，中小企業の強みは，社長の独裁制であり，社長の能力と人格に依存した極めて属人的なビジネスモデルであるといえる。例えば，公認会計士，税理士の業界でも，狙ったわけではないが，似たようなクライアントが増えているという話は少なくない。どの見込み客に好かれ，どの見込み客から避けられるのかという点や，どの従業員に好かれ，どの従業員から嫌われるのかという点は，社長の能力や性格に依拠している点が多く，無理に修正しようとしても，無駄な努力に終わることが少なくない。

　そう考えると，社長が間違いを犯したときに，それを防止できる体制は必要かもしれないが，社長がやりたいようにビジネスができるという中小企業の強みは残しておく必要がある。つまり，事業承継では，後継者が自由にビジネスができるように，後継者の使いやすいブレーンを育てていくということが重要であり，先代の側近が力を残す体制というのは望ましいとはいえない。所有と経営を分離したいというニーズの中には，後継者にすべての事業を行わせるのではなく，先代の側近にある程度の事業を任せたいという気持ちが存在していることが多く，結果として，グループ全体の収益性が悪化する要因になりかねないという点に留意が必要である。

6 不動産投資による弊害

　事業承継対策として，不動産の購入を行うことがある。これは，不動産に収益物件としての価値があり，かつ，不動産の値段がそれほど下がらない場合には有効な手段であったといえる。なぜなら，一般的に，不動産の相続税評価額は，時価よりも安い金額で評価されることが多いからである。

　しかし，購入した不動産が収益物件としての価値がほとんどない場合はどうであろうか。将来，購入した不動産を譲渡しようとしたときに，不動産の価値が暴落した場合はどうであろうか。不動産を投資商品としてみた場合には，その利回りは決して高いものではないことから，相続税が引き下げられるというメリットを無視すると，我が国において，投資する価値のある不動産はそれほど多くはないといわれている。

　ここで，時価総額3億円の土地を保有している場合において，5億円で建物を建築し，賃貸物件にした事案を想定してみよう。この場合に，6億円の回収ができれば儲かったと考えるべきではない。そもそも建物を建築しないで，土地を譲渡していれば，3億円の現金預金を得ることができたのだから，8億円に通常の利回りを加算した金額が回収できていなければ，儲かったとはいえない。残念ながら，それだけの回収ができる投資案件はそれほど多くはないのが実態である。

　すなわち，不動産を購入することにより，相続税は節税できるかもしれないが，それ以上に，事業価値を毀損している可能性があるといえる。さらに，不動産の投資のために多額の借入れをした結果，相続人が借入金を返済するのに苦労することも少なくない。逆にいえば，遊休不動産を処分し，その現金預金を本業のために投資することにより，事業価値が引き上げられる場合も少なくない。

　相続税対策として不動産投資を行うことを否定するものではないが，投資する以上は，十分な投下資本の回収が行える物件に限定して行うべきであると考えられる。

7 | 事業承継は3代目で決まる

　本章では，かつての事業承継対策とは異なり，必要な事業及び資産だけを承継し，それ以外の事業及び資産を譲渡し，現金化することにより，運転資金や納税資金として確保することを勧めている。第2章以下で解説するように，この考え方によれば，相続税が高くなってしまう可能性がある[5]。しかし，何のために事業承継をするのかを考えてみると，事業を永続的に行うことにより，従業員の雇用を守り，事業を通じて，顧客だけでなく，地域社会にも貢献するためではないだろうか。そのためには，事業を承継する相続人が継続的に十分な利益を獲得し，資金繰りに困らないようにする必要がある。そのことを考えると，相続税が高くなったとしても，承継される事業の効率性が高まったほうが望ましいといえる。さらに，資金繰りを考えると，運転資金は多いほうがよいし，借入金は少ないほうがよいことはいうまでもない。

　このようなことから，事業を承継する前に，不採算な事業や資産を処分するということは，1つの解決策であるといえる。

　また，前述のように，最近では2代目から3代目への事業承継の相談が増えている。一般的に，事業承継は3代目で決まるといわれている。そして，初代と異なり，2代目はある程度の年齢になると事業経営から退くことが多いため，3代目の任期は2代目に比べて長くなることが多い。そう考えると，3代目はどこかで新しいチャレンジが必要になる可能性も高い。そのときに，十分な利益と資金が確保できているように，事業承継のタイミングでは，必要な資産だけになった筋肉質な事業を承継させることが望ましいと思われる。

---

[5]　ただし，平成30年度税制改正で使いやすくなった「非上場株式等に係る贈与税及び相続税の納税猶予の特例」を活用すれば，非上場株式に対する贈与税または相続税の全額に対する納税猶予を受けることができるため，実害がないこともあり得る。

第2章 事業承継対策としての事業及び資産の選別と税務上の取扱い

第1章で解説したように，最近では，事業を承継する前に不採算な事業や資産を処分することも検討されるようになった。

不採算な事業や資産を処分する方法として，M&Aや不動産の譲渡という方法が考えられる。さらに，それ以前の問題として，不良資産を除却することにより，法人税及び相続税の負担を軽減するという方法も考えられる。

本章では，これらの方法を行った場合の税務上の取扱いについて解説を行う。

1 │ 必要な事業及び資産の選別の考え方

不採算な事業や資産を処分することが望ましいことは言うまでもないが，実務上，そもそも不採算な事業や資産は高い値段で譲渡することができなかったり，買い手がまったくつかないことも少なくない。それでも，買い手にとって改善の余地があるのであればそれなりの値段で譲渡することもできるため，まずは不採算な事業や資産を譲渡することを検討すべきであろう。例えば，5店舗の小売業を営んでいる場合において，店舗別の損益計算書を作成することにより，どの店舗を譲渡すべきなのかという判断ができる。ただし，店舗別の損益計算書を作成したとしても本社経費などの間接費が含まれている場合には，赤字店舗を譲渡したとしても会社全体の損益は改善しないケースもありうる。例えば，X店の間接費を配賦する前の利益が100百万円であり，間接費を配賦すると△50百万円になったとする。間接費が軽減できない場合には，X店を譲渡すると会社全体の利益は100百万円減少してしまう。そのため，赤字店舗を

16

譲渡する場合には間接費控除前の利益なのか，間接費控除後の利益なのかにより結論が異なってくる。もちろん，一部の店舗を譲渡することにより本社全体のコストを下げることができることもあるため，間接費の具体的な内容を把握する必要がある。

さらに，第1章で解説したように，利益が出ているということは高く売れる可能性が高いため，利益の出ている店舗を譲渡したほうがよい場合も考えられる。そのほかにも，本社から遠く離れた店舗については，たとえ利益が出ていたとしても効率化のために譲渡するという選択肢も考えられる。

このように，必要な資産及び負債の選別は経営判断に属するものであるといえる。

2 財産評価基本通達における非上場株式の評価

(1) 概　　要

財産評価基本通達では，取引相場のない株式の評価方法について，下表のように定められている。

■取引相場のない株式の評価

分　　類	評価方法
零細株主以外の株主が所有する株式	原則的評価方式 ①純資産価額方式 ②類似業種比準方式 ③併用方式
零細株主の所有する株式	特例的評価方式（配当還元方式）

財産評価基本通達では，零細株主の所有する株式の評価方法についても細かく定められている（財基通178，188，188－2）。しかしながら，事業承継対策において零細株主の所有する株式の評価方法が問題になることはほとんどない

ため，零細株主の所有する株式の評価方法についての解説は省略する。

(2) 原則的評価方式

① 概　要

財産評価基本通達では，非上場会社（評価会社）を大会社，中会社及び小会社の3つに分類し，以下の方法により評価を行うこととされている（財基通179）。

(i) 大会社

類似業種比準方式で求められる金額と純資産価額方式で求められる金額のうち，いずれか低い金額。

(ii) 中会社

以下で求められる金額のうち，いずれか低い金額。

- 類似業種比準方式と純資産価額方式の併用方式
- 純資産価額方式

    ※　併用方式については，類似業種比準価額×L＋純資産価額×（1−L）により計算するが，算式中のLの折衷割合については，総資産価額（帳簿価額によって計算した金額）及び従業員数または直前期末以前1年間における取引金額に応じて，それぞれ次に定める割合のうちいずれか大きいほうの割合によって計算する。

    イ．総資産価額（帳簿価額によって計算した金額）及び従業員数に応ずる割合

卸売業	小売・サービス業	それ以外	割合
4億円以上（従業員数が35人以下の会社を除く。）	5億円以上（従業員数が35人以下の会社を除く。）	5億円以上（従業員数が35人以下の会社を除く。）	0.90
2億円以上（従業員数が20人以下の会社を除く。）	2億5,000万円以上（従業員数が20人以下の会社を除く。）	2億5,000万円以上（従業員数が20人以下の会社を除く。）	0.75
7,000万円以上（従業員数が5人以下の会社を除く。）	4,000万円以上（従業員数が5人以下の会社を除く。）	5,000万円以上（従業員数が5人以下の会社を除く。）	0.60

ロ. 直前期末以前 1 年間における取引金額に応ずる割合

卸売業	小売・サービス業	それ以外	割合
7 億円以上30億円未満	5 億円以上20億円未満	4 億円以上15億円未満	0.90
3 億5,000万円以上 7 億円未満	2 億5,000万円以上 5 億円未満	2 億円以上 4 億円未満	0.75
2 億円以上 3 億5,000万円未満	6,000万円以上 2 億5,000万円未満	8,000万円以上 2 億円未満	0.60

ⅲ 小会社

以下で求められる金額のうち，いずれか低い金額。

- 類似業種比準方式と純資産価額方式の併用方式
- 純資産価額方式

  ※ 併用方式については，類似業種比準価額×0.5＋純資産価額×0.5により計算する。

② 会社規模の判定

　財産評価基本通達において，評価会社が大会社，中会社または小会社のいずれに該当するのかについては，総資産価額，従業員数または取引金額を判定基礎として，下表のとおり定められている（財基通178）。

規模区分	区分の内容		総資産価額（帳簿価額によって計算した金額）及び従業員数	直前期末以前 1 年間における取引金額
大会社	従業員数が70人以上の会社または右のいずれかに該当する会社	卸売業	20億円以上（従業員数が35人以下の会社を除く。）	30億円以上
		小売・サービス業	15億円以上（従業員数が35人以下の会社を除く。）	20億円以上
		その他	15億円以上（従業員数が35人以下の会社を除く。）	15億円以上
中会社	従業員数が70人未満の会社で右のいずれかに該当する会社（大会社に該	卸売業	7,000万円以上（従業員数が 5 人以下の会社を除く。）	2 億円以上 30億円未満
		小売・サービス業	4,000万円以上（従業員数が 5 人以下の会社を除く。）	6,000万円以上 20億円未満

	当する場合を除く。)	その他	5,000万円以上（従業員数が5人以下の会社を除く。）	8,000万円以上15億円未満
小会社	従業員数が70人未満の会社で右のいずれにも該当する会社	卸売業	7,000万円未満または従業員数が5人以下	2億円未満
		小売・サービス業	4,000万円未満または従業員数が5人以下	6,000万円未満
		その他	5,000万円未満または従業員数が5人以下	8,000万円未満

　このように，従業員数が70人以上であれば，すべて大会社に該当するが，70人未満の場合には，この表に従って大会社，中会社または小会社のいずれに該当するのかを判定していくことになる。

③　類似業種比準方式

　類似業種比準価額とは，類似業種の株価，1株当たりの配当金額，年利益金額及び簿価純資産価額を基礎とし，次の算式によって計算した金額をいう（財基通180）。なお，厳密にいえば，1株当たりの資本金等の額を50円とした場合の金額として計算することになるが，簡便化のため，以下では省略している。

類似業種比準方式の計算

$$A \times \frac{\dfrac{b}{B} + \dfrac{c}{C} + \dfrac{d}{D}}{3} \times E$$

［各計算要素］
　　A：類似業種の株価
　　B：課税時期の属する年の類似業種の1株当たりの配当金額
　　b：評価会社の1株当たりの配当金額
　　C：課税時期の属する年の類似業種の1株当たりの利益金額
　　c：評価会社の1株当たりの利益金額
　　D：課税時期の属する年の類似業種の1株当たりの簿価純資産価額
　　d：評価会社の1株当たりの簿価純資産価額

> E：大会社の場合には0.7，中会社の場合には0.6，小会社の場合には0.5

　なお，この場合における評価会社の配当金額，利益金額及び簿価純資産価額は，具体的に以下のように算定する（財基通183）。

（i）　配当金額

> 1株当たりの配当金額＝剰余金の配当金額÷発行済株式総数

　（注1）剰余金の配当金額は，直前期末以前2年間におけるその会社の剰余金の配当金額を平均した金額とする。
　（注2）剰余金の配当金額からは，特別配当，記念配当等の名称による配当金額のうち，将来毎期継続することが予想できない金額を除いて計算する。

（ii）　利益金額

> 1株当たりの利益金額＝法人税の課税所得金額÷発行済株式総数

　（注1）課税所得金額は，直前期末以前1年間における法人税の課税所得の金額を基礎に計算する。ただし，納税義務者の選択により，直前期末以前2年間の各事業年度の法人税の課税所得金額の平均値とすることができる。
　（注2）課税所得金額は，以下のように調整計算する必要がある。なお，下記の調整計算の結果，マイナスの金額になる場合には，1株当たりの利益金額を0として類似業種比準価額の計算を行う。

> 　　　　法人税の課税所得の金額
> 　－）非経常的な利益の金額
> 　＋）所得の計算上益金の額に算入されなかった利益の配当等の額（所得税額に相当する金額は除く。）
> 　＋）損金の額に算入された繰越欠損金の控除額
> ───────────────────────────
> 　　　　調整後の課税所得金額

　（注3）課税所得金額の計算の基礎となった非経常的な損失の金額については，非経常的な利益の金額と異なり，特段の調整は必要ない。そのため，非経常的な損失を多額に発生させた場合には，利益金額を減少することができる。
　（注4）しかし，（注2）の計算は，非経常的な利益の金額から非経常的な損失の金額を控除した金額により計算するという点に留意が必要である。具体的には，非経常

的な利益が100，非経常的な損失が60の場合には，差額の40のみを課税所得金額から減算して計算を行う。

(iii) 簿価純資産価額

1株当たりの簿価純資産価額＝直前期末の簿価純資産価額÷発行済株式総数

（注1）会計上の簿価純資産価額ではなく，法人税法上の簿価純資産価額により計算する。

（注2）簿価純資産価額がマイナスになる場合には，1株当たりの簿価純資産価額を0として類似業種比準価額の計算を行う。

④ 純資産価額方式

純資産価額方式は，評価会社のすべての資産及び負債を財産評価基本通達に基づいて計算し，1株当たりの時価純資産価額を算定することにより計算する方法である（財基達185）。なお，含み益の37％については，「評価差額に対する法人税等に相当する金額」として時価純資産価額から控除することができる（財基通186－2）。

例えば，時価純資産価額が500，簿価純資産価額が100である場合には，含み益が400であることから，その37％である148について，「評価差額に対する法人税等に相当する金額」として取り扱われるため，純資産価額は352となる。

このように，純資産価額方式は，それぞれの資産及び負債を財産評価基本通達に基づいて評価する方法であるが，実務上，以下の点について問題になりやすいため，ご留意されたい。

(i) 棚卸資産

棚卸資産の評価は，財産評価基本通達133項で定められており，それぞれ次に掲げるところにより評価を行うこととされている。しかし，以下により価額を算定し難い場合には，法人税法上の帳簿価額により評価を行うことも認められている。

① 商品の価額は，その商品の販売業者が課税時期において販売する場合の価額から，その価額のうちに含まれる販売業者に帰属すべき適正利潤の額，課税時期後販売までにその販売業者が負担すると認められる経費（以下「予定経費」という。）の額及びその販売業者がその商品につき納付すべき消費税額（地方消費税額を含む。以下同じ。）を控除した金額によって評価する。

② 原材料の価額は，その原材料を使用する製造業者が課税時期においてこれを購入する場合の仕入価額に，その原材料の引取り等に要する運賃その他の経費の額を加算した金額によって評価する。

③ 半製品及び仕掛品の価額は，製造業者がその半製品または仕掛品の原材料を課税時期において購入する場合における仕入価額に，その原材料の引取り，加工等に要する運賃，加工費その他の経費の額を加算した金額によって評価する。

④ 製品及び生産品の価額は，製造業者または生産業者が課税時期においてこれを販売する場合における販売価額から，その販売価額のうちに含まれる適正利潤の額，予定経費の額及びその製造業者がその製品につき納付すべき消費税額を控除した金額によって評価する。

これに対し，不良在庫を抱えている場合には，実際の時価がかなり低いにもかかわらず，財産評価基本通達による評価が不当に高くなることもある。例えば，商品，製品の正味実現可能価額の算定上，見積販売価額を適正に行うことができれば問題ないが，実務上，課税当局に認められず，法人税法上の帳簿価額を相続税評価額として認定されてしまうことも考えられる。そのため，後述するように，不良在庫を整理することは，資金繰りを改善させるだけでなく，相続税評価額を引き下げる効果も期待できる。

(ii) 貸付金債権

貸付金債権の評価は，財産評価基本通達204項，205項に定められており，元本部分については券面額により評価されることになる。

第2章　事業承継対策としての事業及び資産の選別と税務上の取扱い　23

　しかし，貸付金債権の全部または一部が次に掲げる金額に該当するときその他その回収が不可能または著しく困難であると見込まれるときは，それらの金額は元本の価額に算入しないことができる。

① 　債務者について次に掲げる事実が発生している場合におけるその債務者に対して有する貸付金債権等の金額（その金額のうち，質権及び抵当権によって担保されている部分の金額を除く。）

> イ　手形交換所（これに準ずる機関を含む。）において取引停止処分を受けたとき
> ロ　会社更生法の規定による更生手続開始の決定があったとき
> ハ　民事再生法の規定による再生手続開始の決定があったとき
> ニ　会社法の規定による特別清算開始の命令があったとき
> ホ　破産法の規定による破産手続開始の決定があったとき
> ヘ　業況不振のため，またはその営む事業について重大な損失を受けたため，その事業を廃止し，または6か月以上休業しているとき

② 　更生計画認可の決定，再生計画認可の決定，特別清算に係る協定の認可の決定または法律の定める整理手続によらないいわゆる債権者集会の協議により，債権の切捨て，棚上げ，年賦償還等の決定があった場合において，これらの決定のあった日現在におけるその債務者に対して有する債権のうち，その決定により切り捨てられる部分の債権の金額及び次に掲げる金額

> イ　弁済までの据置期間が決定後5年を超える場合におけるその債権の金額
> ロ　年賦償還等の決定により割賦弁済されることとなった債権の金額のうち，課税時期後5年を経過した日後に弁済されることとなる部分の金額

③ 　当事者間の契約により債権の切捨て，棚上げ，年賦償還等が行われた場合において，それが金融機関のあっせんに基づくものであるなど真正に成

立したものと認めるものであるときにおけるその債権の金額のうち上記②
に掲げる金額に準ずる金額

このように，多少の回収可能性に疑義があるという程度では券面額により評
価せざるを得ないケースが多く，実際の回収可能見込額よりも多額に評価され
てしまうケースがある点に留意が必要である。

(iii) 土 地

土地の評価方法は財産評価基本通達において細かく規定されており，路線価
方式または倍率方式により評価を行うこととされている。

しかし，あくまでも相続税評価額としての評価であり，実際に譲渡をしたと
きには，相続税評価額よりも高い金額で譲渡できる場合もあるし，相続税評価
額よりも低い金額でしか譲渡できない場合もある。さらに，収益物件として保
有していたとしても，それほどの賃料が期待できない物件もあるし，自社で利
用していたとしても，譲渡したうえで，他の物件を賃借することにより，事業
価値が高まる場合もある。

とりわけ，事業承継を検討する段階では，建物の使用年数が経過し，10年後
には建替えが必要になることも多いため，保有している不動産を見直すべきタ
イミングであることは少なくない。

(iv) 賞与引当金，退職給与引当金

賞与引当金，退職給与引当金のような負債性引当金は，純資産価額の計算上，
負債として処理することができない（財基通186）。

そのため，実態純資産と比較すると，相続税評価額のほうが高い評価額にな
ることが多い。

(v) 保証債務

保証債務も，賞与引当金，退職給与引当金と同様に，原則として，債務が確

定していないものは，純資産価額の計算上，負債として処理することができない（相基通14－3）。そのため，例えば，債務超過の子会社に対する保証債務がある場合であっても，その保証債務を負債として処理することができないことが多い。

⑤　特定の評価会社の株式

　非上場株式の評価は，原則として，前述の評価方法により算定するが，一部において，そのような評価がなじまない法人がある。そのようなケースに対応するために，財産評価基本通達189項では，以下のものを定めている。

(i)　比準要素数1の会社の株式

　類似業種比準価額の計算における評価会社の「1株当たりの配当金額」，「1株当たりの利益金額」及び「1株当たりの純資産価額」のそれぞれの金額のいずれか2つが0であり，かつ，直前々期末を基準にしてそれぞれの金額を計算した場合において，それぞれの金額のうち，いずれか2つ以上が0となるときは，類似業種比準方式を採用することができず，純資産価額方式により計算することになる（財基通189(1)，189－2）。

　ただし，納税義務者の選択により，類似業種比準価額×0.25＋純資産価額×0.75の併用方式により計算することも認められている。

(ii)　比準要素数0の会社の株式

　類似業種比準価額の計算における評価会社の「1株当たりの配当金額」，「1株当たりの利益金額」及び「1株当たりの純資産価額」のそれぞれの金額のすべてが0である場合には，類似業種比準方式を採用することができず，純資産価額方式により計算することになる（財基通189(4)ロ，189－4）。

(iii)　株式保有特定会社の株式

　株式保有特定会社とは，評価会社の有する総資産価額（相続税評価額）に占

める株式等の価額の合計額（相続税評価額）の割合が50％以上である会社をいう（財基通189⑵）。

株式保有特定会社に該当した場合には，類似業種比準方式を採用することができず，純資産価額方式により計算することになる（財基通189－3）。

ただし，納税義務者の選択により，「S1＋S2方式」も認められている。この場合におけるS1，S2の定義は以下のとおりである。

S1：株式保有特定会社が保有する株式等とその株式等に係る受取配当がないものとして計算した場合のその会社の原則的評価方法による評価額

S2：株式保有特定会社が保有する株式等のみをその会社が有する資産であるものとした場合の1株当たりの純資産価額

(iv) 土地保有特定会社の株式

土地保有特定会社とは，評価会社の有する総資産価額（相続税評価額）に占める土地等の価額の合計額（相続税評価額）の割合が，以下の割合以上である場合における会社をいう（財基通189⑶）。

- 大会社の場合：70％以上
- 中会社の場合：90％以上
- 小会社の場合：下表のとおり。

業種	総資産価額	割合
卸売業	20億円以上	70％以上
	7,000万円以上20億円未満	90％以上
小売業，サービス業	15億円以上	70％以上
	4,000万円以上15億円未満	90％以上
その他	15億円以上	70％以上
	5,000万円以上15億円未満	90％以上

土地保有特定会社に該当した場合には，類似業種比準方式を採用することができず，純資産価額方式により計算することになる（財基通189－4）。

(v) 開業後3年未満の会社の株式

開業後3年未満の会社に該当した場合には，類似業種比準方式を採用することができず，純資産価額方式により計算することになる（財基通189(4)イ，189－4）。後述するように，M&A対象外の事業を新会社に移転し，M&A対象の事業のみとなった旧会社の株式を譲渡する場合には，旧会社の株主は，新会社の株式を保有し続けることになる。

この場合に，新会社にM&A対象外の事業を移転してから短期間で相続または贈与が行われる場合には，この新会社の株式は開業後3年未満の会社に該当することから，類似業種比準方式を採用できない。

> ※ 上記のほか，非上場株式等についての贈与税の納税猶予の特例の適用を受けるためには，後継者が役員就任後3年以上経過している必要がある（措法70の7の5②六ヘ）。そのため，新会社にM&A対象外の事業を移転してから短期間で贈与が行われる場合には，納税猶予の特例を受けることができない可能性がある。
>
> さらに，中小企業における経営の承継の円滑化に関する法律に定める特例中小企業者に該当するためには，3年以上継続して事業を行っていることが必要になる（円滑化法3①，円滑化規2）。そのため，新会社にM&A対象外の事業を移転してから短期間で相続または贈与が行われる場合には，遺留分の特例を受けることができない可能性もある。

(vi) その他

その他，下記のものについて特定の評価会社として定められているが，本書では詳細な解説は省略する。

- 開業前または休業中の会社
- 清算中の会社

3 実態純資産の調査と含み損の実現

(1) 貸借対照表上の純資産と実態純資産に差異が生じる理由

　非上場会社の決算では，顧問税理士の指導の下，「中小企業の会計に関する指針」または法人税法の規定に基づいて決算書を作成している場合が多い。

　そのため，例えば，不良在庫や不良債権が存在していたとしても，法人税法上，評価損の計上が認められないことから，会計上も評価損を計上しないことがほとんどである。その結果，通常の決算において，顧問税理士が不良在庫や不良債権の存在を確認することはそれほど多くはない。

　また，企業が大きくなるにつれ，固定資産の現物管理が不十分になることから，除却済みの固定資産やほとんど稼働していない固定資産が貸借対照表に計上されてしまうことも多い。ただし，かつては，固定資産の残存価額（取得価額の5％）が滞留して，かなりの金額になっていることが問題になった事例もあるが，平成19年度税制改正により，残存簿価1円まで償却ができるようになったことから，現在では，金額的重要性の大きな問題になることは，それほど多くはない[1]。

　さらに，取得原価主義会計の下で作成されている貸借対照表は，時価純資産価額とは大きく異なることから，例えば，保有している不動産や有価証券の帳簿価額が時価と異なることがほとんどである。

　このように，通常の決算において作成される貸借対照表と実態純資産は異なることから，事業承継対策のための情報を入手するために，実態純資産の調査を行う必要がある。

1　もちろん，除却損は資産を除却したときに損金の額にすべきという問題や，稼働していない減価償却資産は原則として減価償却を行うことができないという問題があるが，事業承継対策という観点からすると，金額的重要性が乏しいことも多い。

(2) 実態純資産の調査と相続税対策

① 類似業種比準価額の引下げ

評価会社の1株当たりの配当金額，利益金額または簿価純資産価額を引き下げることにより，類似業種比準価額を引き下げることができる。

このうち，実態純資産の調査を行い，資産の含み損を実現したり，簿外負債を確定させたりすることにより引き下げることができるのは，利益金額と簿価純資産価額である。例えば，資産の含み損が1億円であるとして，それを実現させた場合には，税務上の簿価純資産価額を1億円引き下げることができる。さらに，利益金額についても，非経常的な利益がある場合には多少の調整があるが，通常の場合には特別損失を認識することによりその年度の利益金額を引き下げることができる。

このように，会社の保有する資産の含み損の実現，簿外負債の確定により類似業種比準価額を引き下げることができ，これらの対策は法人税の節税対策と一体となっているため，法人税と相続税の両方の節税を一度に行うことができる。

なお，具体的な資産の含み損や簿外負債としては，以下のものが挙げられる。

(ⅰ) 不良在庫，滞留在庫の処分

(ⅱ) 不良債権の処分

(ⅲ) 遊休固定資産の除却

(ⅳ) 含み損を有する不動産，有価証券等の譲渡

(ⅴ) 赤字子会社の整理・支援

(ⅵ) 税務上，加算処理している引当金の認容減算（債務の確定化）

上記の内容は，税務上の簿価純資産価額と実態純資産とが異なるために生じるものである。例えば，不良在庫が1億円であった場合には，税務上の簿価純資産価額の計算では1億円と評価されたとしても，実態純資産の計算では0円と評価されてしまう。このような場合には，この不良在庫を除却することによ

り，簿価純資産価額と利益金額を減らすことができる。

さらに，将来，発生すると見込まれている修繕を早期に行うことも，類似業種比準価額を引き下げるために効果的である。修繕費の計上により，会社の利益金額が引き下げられるからである。そのほか，建物の建替えにより，除却損を計上することで，一時的に相続税評価額が引き下げられることもある。

そのほか，事業の合理化を行い，支店の統廃合，余剰人員のリストラ，これらに伴う固定資産の除却や賃貸借契約，リース契約の解除に伴う違約金の支払いを行うことで，一時的に利益金額が引き下げられることから，相続税評価額を引き下げることが可能になる。その一方で，事業の効率化により，将来の利益金額が引き上げられるため，その前に非上場株式の生前贈与を行えば，相続税評価額を引き下げながら，会社の事業価値を引き上げることが可能になる。

このように，会社の体質を筋肉質にすることで，法人税及び相続税を引き下げることが可能になるため，事業承継対策を行う場合には，まずは実態純資産の調査が必要になる。

② 純資産価額の引下げ

実態純資産よりも相続税評価額が高い場合には，不良資産の処分や簿外負債の確定により，純資産価額を引き下げることができる。例えば，不良在庫が1億円と評価されてしまう場合には，この不良在庫を除却すれば，相続税評価上は，0円と評価することができる。このように，類似業種比準価額の引下げと純資産価額の引下げを同時に行うことができる場合が多い。

4 ┃ 不動産の譲渡

(1) 不動産譲渡の手法

一般的に，不動産を譲渡する手法として，①不動産をそのまま譲渡する手法と②不動産会社の株式を譲渡する手法が挙げられる。

第2章　事業承継対策としての事業及び資産の選別と税務上の取扱い　31

①　不動産をそのまま譲渡する手法

　この手法は，単なる不動産の譲渡であるため，組織再編を用いることがないように思えるが，不動産取得税の非課税要件を満たせる場合には，会社分割を用いることがある。

　会社分割とは，株式会社または合同会社がその事業に関して有する権利義務の全部または一部を他の会社（または新設会社）に承継させることをいう（会社法2二十九，三十）。すなわち，単なる不動産の譲渡と異なり，分割法人の事業を分割承継法人に包括承継させることが可能になり，個別の資産及び負債，契約関係の移転手続が容易になるというメリットがある。また，会社分割により，分割法人が，分割承継法人に対して不動産を移転し，分割法人に交付された分割承継法人株式を買収会社に譲渡する手法が考えられる。

　このような手法を採用したとしても，法人税法上は，分割法人と分割承継法人との間の支配関係の継続が見込まれていないため，非適格分社型分割に該当する（法令4の3⑥⑦）。これに対し，事業単位の移転と認められる場合には，不動産取得税の非課税要件を満たす余地はある[2]。ただし，会社分割による手法を採用したとしても，移転する不動産に対する登録免許税の対象になる点にご留意されたい。

2　会社分割を行った場合における不動産取得税の非課税要件は以下のとおりである（地法73の7二，地令37の14）。
　①　金銭等不交付要件
　②　主要資産等引継要件
　③　従業者引継要件
　④　事業継続要件
　⑤　按分型要件（分割型分割の場合のみ）

■分割承継法人株式を交付する手法

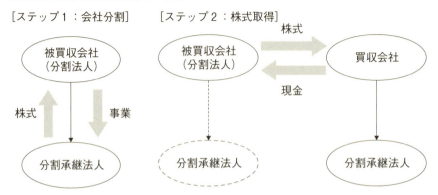

② 不動産会社の株式を譲渡する手法

　不動産会社の株式を譲渡する場合には，その不動産会社が不動産の法的な所有者であり続けるという点は変わらないため，買収会社が連結納税を採用しているような特殊な事案を除き，不動産の含み損益は実現しない。また，不動産の法的な所有者は変わっていないことから，不動産取得税及び登録免許税の負担も生じない。

　すなわち，不動産会社の株式を譲渡した株主において株式譲渡損益が発生することになる。

■不動産会社の株式を譲渡する手法

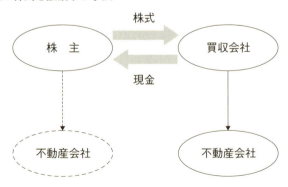

さらに，M&A対象外の事業を事業譲渡または会社分割により切り離してから，M&A対象の不動産のみとなった会社の株式を譲渡するという手法も，実務では行われている。この場合には，被買収会社においてM&A対象外の事業に対する譲渡損益が発生し，被買収会社の株主において株式譲渡損益が生じる。

このように，被買収会社が保有する不動産のみを譲渡する場合には，①被買収会社から必要な不動産のみを譲渡する手法と，②被買収会社から不要な事業を事業譲渡または会社分割により移転させてから被買収会社の株式を譲渡する手法の2つが考えられる。

■事業譲渡または会社分割後の株式譲渡

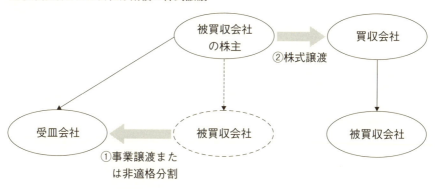

さらに，M&A対象の不動産だけでなく，M&A対象外の事業にも含み益がある場合が考えられる。この場合には，M&A対象外の事業に対して譲渡損益が発生することを避けたいというニーズがある。このような場合に，一般的に検討されている手法は，適格分割型分割により，被買収会社のグループ会社に対して，M&A対象外の事業を移転させたうえで，買収の対象となる不動産のみになった被買収会社株式を譲渡するという手法である。

■適格分割型分割を利用したM&A手法

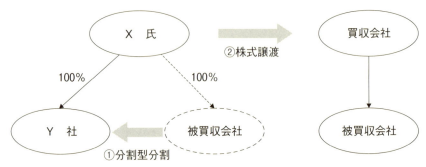

　平成29年度税制改正前は税制適格要件を満たすことが難しかったが，平成29年度税制改正により税制適格要件を満たすことが容易になった。この点については，第4章で解説を行う。

(2) 不動産の譲渡と相続税評価額への影響

① 不動産をそのまま譲渡する場合

　不動産を譲渡した場合には，総資産価額及び取引金額が減少することが一般的である。そのため，会社規模が減少することにより，規模区分が大会社から中会社，中会社から小会社に変わることとなり，類似業種比準方式の折衷割合が減少する。そして，譲渡の対象となる不動産から生じる収益及び費用がなくなるため，利益金額に影響を与える。さらに，受取利息が増加し，支払利息が減少するため，利益金額が増加することも考えられる。

　このほか，不動産の譲渡益が生じる場合に，利益金額が増加するように思えるが，前述のように非経常的な利益の金額は利益金額から除外されるため，そのようなことは生じない。

　これに対し，不動産の譲渡損が生じる場合には，非経常的な利益の金額と異なり，特段の調整は必要ない。そのため，非経常的な損失を多額に発生させた場合には，利益金額を減少させることができる。ただし，非経常的な利益の金額がある場合には，利益金額から減算すべき非経常的な利益の金額の減少要因

として処理される。すなわち，このような非経常的な利益の金額がない限り，一時的に相続税評価額を引き下げることがあり得るため，割安な相続税または贈与税により生前贈与を行えるタイミングになり得る。

> ※　ただし，平成30年度税制改正で使いやすくなった「非上場株式等に係る贈与税及び相続税の納税猶予の特例」を活用すれば，非上場株式に対する贈与税または相続税の全額に対する納税猶予を受けることができる。そのため，不動産をそのまま譲渡した後の非上場株式に対して納税猶予の特例を適用する場合には，猶予された税額を支払わなければならない事情が生じない限り，相続税評価額が増減することについては，それほど気にしなくてもよいといえる。

②　不動産会社の株式を譲渡する場合

不動産会社の株式を譲渡する場合に，すべての事業を売却し，譲渡代金が株主に入ってくるだけであれば，その譲渡代金のうち，相続開始の日まで残っていたものが相続税の課税対象となるため，判断に悩むことはほとんどない。

これに対し，譲渡対象外の事業を新会社に移転し，譲渡対象の不動産のみとなった会社の株式を譲渡する場合には，㈲株式の譲渡代金と㈺新会社の株式が相続税の課税対象となる。このような場合には，新会社の株式が開業後3年未満の会社の株式に該当するため，3年間，その株式に対して類似業種比準方式を適用することができない。そして，3年を経過したとしても，新会社の総資産価額及び取引金額が小さくなっている場合が考えられる。このような場合には，類似業種比準方式の折衷割合が減少し，純資産価額方式の折衷割合が増加することがあり得る。

さらに，不動産会社の株式の譲渡代金が相続税の課税対象となるという点も問題となりやすい。不動産をそのまま譲渡する場合には，個人株主ではなく，法人に譲渡代金が入る。すなわち，個人株主が譲渡代金を受け取る場合には，現金預金として相続税評価額の計算が行われるが，法人が譲渡代金を受け取る場合には，非上場株式として相続税評価額の計算が行われる。そのため，その非上場株式の評価を類似業種比準方式または折衷方式により行う場合において，純資産価額方式よりも安く評価されるときは，個人株主が現金預金を保有しているよりも割安な相続税評価額になることが考えられる。

36

　そのほか，平成30年度税制改正で使いやすくなった「非上場株式等に係る贈
与税及び相続税の納税猶予の特例」の問題もある。なぜなら，非上場株式に対
しては納税猶予を適用できるが，被相続人が保有していた現金預金に対しては
納税猶予を適用できないからである。このような場合には，法人が譲渡代金を
受け取ることにより，納税猶予の対象にしたほうが望ましいことも多いと思わ
れる。

(3)　納税資金の確保と後継者以外の相続人に対する遺産分割

　法人が不動産を譲渡する場合には，個人株主ではなく，法人に譲渡代金が入
金される。すなわち，個人株主が相続税の納税資金を確保するためには，相続
開始後に納税資金を会社から取得する必要がある。この場合には，相続の対象
となった株式を相続税の申告期限から3年以内に自己株式として買い取らせる
ことにより，①当該買い取らせた株式に対する相続税を取得費に加算すること
ができ（措法39）[3]，かつ，②配当所得ではなく，譲渡所得として取り扱われる
（措法9の7）[4]。

　これに対し，譲渡対象外の事業を新会社に移転し，譲渡対象の不動産のみと
なった会社の株式を譲渡する場合には，その株式の譲渡代金が個人株主に入金
される。そのため，相続時に自己株式として買い取らせなくても相続税の納税
資金を確保することができる。ただし，いずれにしても，個人株主において譲
渡所得が発生することから，相続税の納税資金の確保という観点からすれば，あ
えて不動産会社の株式を譲渡する方法を選択する必要がない場合が考えられる。

　これに対し，後継者以外の相続人に対する遺産分割という観点からすると，
後継者以外の相続人に対して非上場株式を相続させるのではなく，最初から現
金預金を取得させることで円滑に遺産分割を行うことができるという側面もあ

3　相続により取得をした資産の取得費は，原則として，被相続人における取得費をそのま
　ま引き継ぐこととされている（所法60）。
4　国税庁HPタックスアンサー「相続により取得した非上場株式を発行会社に譲渡した場
　合の課税の特例」参照。

る。そのため，譲渡対象外の事業を新会社に移転し，譲渡対象の不動産のみとなった会社の株式を譲渡することにより，被相続人が譲渡代金を取得できる状態にしたほうが望ましいことも少なくない。

第6章で解説するように，適格分割型分割により，譲渡対象外の事業を分割承継法人に移転し，分割法人株式を譲渡する事案では，分割承継法人に移転する資産及び負債を調整することにより，個人株主に入金される譲渡代金を調整することができる。例えば，譲渡の対象となる不動産の時価が10億円，預かり保証金等の負債が3億円，分割前の分割法人において5億円の有利子負債があると仮定する。この有利子負債が，譲渡対象の事業に対するものなのか，譲渡対象外の事業に対するものなのかは，借り入れた段階では明確であったとしても，適格分割型分割を行う場合には，どちらにも移転させることが可能である。すなわち，譲渡対象外の事業にすべての有利子負債を移転するのであれば，不動産会社の譲渡代金は7億円となる。これに対し，譲渡対象の事業にすべての有利子負債を移転するのであれば，不動産会社の譲渡代金は2億円となる。この場合には，譲渡代金のうち5億円については，有利子負債の減少を通じて，間接的に分割承継法人が取得したのと同じ効果が生じる。

このように，実務上は，譲渡代金を調整することにより，後継者以外の相続人に相続させる現金預金を調整することが可能になる。

5 ▌ M&A

このような不動産譲渡の方法は，事業を対象とするM&Aを行う場合にも利用することができる。すなわち，M&Aの手法も，大きく，①株式を譲渡する手法と②事業を譲渡する手法の2つに分けることができる。

このうち，①株式を譲渡する手法として，株式譲渡，株式交換及び株式移転が挙げられるが，売り手からすると，買い手の株式ではなく，現金預金を取得したいことが多いことから，株式譲渡による手法が一般的である。また，②事業を買う手法として，事業譲渡，会社分割及び吸収合併が挙げられるが，売り

> **コラム　子供に継がせるはずだったのだが**
>
> 　子供に継がせるはずだったのだが，経営者としての能力が不十分であるということを理由として，M&Aを検討することがある。しかし，すでに子供は親の会社で働いているため，M&Aを選択した場合には，買い手の会社で働くことになる。この場合，当面の間，子供の待遇は変わらないものの，オーナーの後継者としての特別扱いはなくなるため，能力が不足していれば，降格されることもあり得るし，場合によっては，退職せざるを得ないこともあり得る。M&Aをしてから1～2年でそのようなことが起こることは考えにくいが，40代後半くらいにもなれば，降格や退職は十分に考えられる。
>
> 　そのような場合に，すべての事業を譲渡するのではなく，子供の能力の範囲内で行える事業を残しておくという選択肢も考えられる。一般的には，不動産賃貸業を残しておくという選択肢が考えられるが，それでは退屈してしまうし，何かしら小さな事業を行っていたほうが望ましい。場合によっては，M&Aにより得た資金で，新しい事業を開始するということも考えられよう。
>
> 　このように，子供がすでに親の会社で働いている場合には，子供の将来をどのようにするのかということも考えながらM&Aの検討を行う必要がある。

手からすると，買い手の株式ではなく，現金預金を取得したいことが多いことから，事業譲渡及び会社分割が一般的である。

　そのため，不動産を譲渡する手法と比べると，法人税法の観点からは，含み損益の原因の多くが不動産ではなく，のれん（営業権）であるという点のみが違いとして挙げられる。この点については，第5章及び第6章で解説を行う。

6 ｜ 役員貸付金，役員借入金の解消

　必要な資産だけを事業承継するという観点からするとやや対象外であるが，実務上，事業承継の前に役員貸付金及び役員借入金を解消しておきたいというニーズは少なからず存在する。

　役員貸付金（役員にとっては借入金）についてはわかりやすいであろう。役員が会社から借入れを行っている場合には，いずれ弁済しなければならないか

> ### コラム　ちょっと変わった事例
>
> 　アラサーの段階では継ぐつもりがなかったが，アラフォーになると急に親の事業を継ぐことを考えることもある。
>
> 　しかし，アラフォーになって，いきなり親の事業を継ぐといっても，従業員が受け入れてくれるとは限らないし，そもそもアラフォーでのキャリアチェンジはうまくいかないことがほとんどである。
>
> 　そのような場合に，事業のほとんどを譲渡し，子供の目の届く範囲で事業を行うという選択肢も考えられる。
>
> 　例えば，Ａ事業とＢ事業を営んでおり，かつ，不動産賃貸業も営んでいる場合を考えてみよう。この場合に，Ａ事業の従業員が30人で，Ｂ事業の従業員が３人であるとすれば，普通の事業承継であれば，Ａ事業を継がせようと思うのかもしれない。しかし，この場合には，Ａ事業を譲渡し，借入金の返済と相続税の納税資金に充当させたうえで，Ｂ事業と不動産賃貸業を継がせるという選択肢も考えられる。
>
> 　こういった事案は，都会に本店所在地があれば想像しやすいのかもしれないが，地方であっても，Ｂ事業が実家の近くであり，Ａ事業が全国展開をしているのであれば，十分に想像できる。
>
> 　かなり変わった事案かもしれないが，今後，こういった事案も増えてくるのかもしれない。

らである。相続税評価額の観点からは，この役員貸付金は，債務控除（相法13）の対象にすることができるが，それ以外の観点からするとあまり望ましいものではない。将来的には，役員退職慰労金の支給等により解消する必要があると考えられる。

　また，役員借入金（役員にとっては貸付金）も大きな問題である。特に，役員の相続において，券面額で評価されるため，債務超過会社に対する役員借入金についても，回収可能見込額よりも高い評価になってしまうという問題がある。

　最近では，資産超過会社に対する役員借入金が問題になるようになった。なぜなら，この役員借入金は，役員にとっては出資に等しいものの，貸付金債権として券面額で評価されてしまうからである。

40

これを解決するための方法として，DES（デット・エクイティ・スワップ）が用いられることがある。個人から法人に対するDESであることから，法人税法上，非適格現物出資に該当するものの，回収可能見込額と券面額が一致していることが多いため，発行法人において，債務消滅益が生じないことが多いからである[5]。これに対し，役員からすると貸付金債権がなくなり，非上場株式が増加することになる。もし，類似業種比準方式または折衷方式により，時価純資産価額よりも安く評価することができれば，DESを行うことにより，相続税評価額を引き下げることが可能になる。

そのため，このような役員借入金は，相続開始前に解消しておくことが望ましいと思われる。

　　※　後述するように，贈与または相続開始前3年以内に特例経営承継受贈者（特別の関係がある者を含む。）から現物出資または贈与により取得した資産合計額の総資産に占める割合が70％以上である場合には，納税猶予の特例を受けることができない（措法70の7の5㉔，70の7の6㉕）。また，贈与または相続開始の時点において現物出資等資産を有していなくなっている場合であっても，それを有しているものとしてその価額を算定することになる。すなわち，DESは現物出資であることから，DESの対象になった役員借入金が多額である場合には，納税猶予の特例を受けることができない場合があるという点にご留意されたい。

7 | 非上場株式等に係る贈与税及び相続税の納税猶予の特例

(1)　平成30年度税制改正

平成30年度税制改正では，円滑な事業承継が行えるように，「非上場株式等に係る贈与税・相続税の納税猶予の特例制度」が設けられた。平成30年度税制改正大綱では，以下のように記載されている。

5　ただし，発行法人が債務超過である場合には，当該発行法人において債務消滅益が生じる可能性があるため，ご留意されたい。

第2章　事業承継対策としての事業及び資産の選別と税務上の取扱い　41

1　事業承継税制の特例の創設等
　(1)　非上場株式等に係る贈与税・相続税の納税猶予の特例制度を次のとおり創
　　設する。
　　①　特例後継者（仮称）が，特例認定承継会社（仮称）の代表権を有してい
　　　た者から，贈与又は相続若しくは遺贈（以下１において「贈与等」とい
　　　う。）により当該特例認定承継会社の非上場株式を取得した場合には，そ
　　　の取得した全ての非上場株式に係る課税価格に対応する贈与税又は相続税
　　　の全額について，その特例後継者の死亡の日等までその納税を猶予する。
　　　（注1）上記の「特例後継者」とは，特例認定承継会社の特例承継計画（仮称）
　　　　　　に記載された当該特例認定承継会社の代表権を有する後継者（同族関係者
　　　　　　と合わせて当該特例認定承継会社の総議決権数の過半数を有する者に限
　　　　　　る。）であって，当該同族関係者のうち，当該特例認定承継会社の議決権を
　　　　　　最も多く有する者（当該特例承継計画に記載された当該後継者が２名又は
　　　　　　３名以上の場合には，当該議決権数において，それぞれ上位２名又は３名
　　　　　　の者（当該総議決権数の10％以上を有する者に限る。））をいう。
　　　（注2）上記の「特例認定承継会社」とは，平成30年４月１日から平成35年３月
　　　　　　31日までの間に特例承継計画を都道府県に提出した会社であって，中小企
　　　　　　業における経営の承継の円滑化に関する法律第12条第１項の認定を受けた
　　　　　　ものをいう。
　　　（注3）上記の「特例承継計画」とは，認定経営革新等支援機関の指導及び助言
　　　　　　を受けた特例認定承継会社が作成した計画であって，当該特例認定承継会
　　　　　　社の後継者，承継時までの経営見通し等が記載されたものをいう。
　　②　特例後継者が特例認定承継会社の代表者以外の者から贈与等により取得
　　　する特例認定承継会社の非上場株式についても，特例承継期間（仮称）
　　　（５年）内に当該贈与等に係る申告書の提出期限が到来するものに限り，
　　　本特例の対象とする。
　　③　現行の事業承継税制における雇用確保要件を満たさない場合であっても，
　　　納税猶予の期限は確定しない。ただし，この場合には，その満たせない理
　　　由を記載した書類（認定経営革新等支援機関の意見が記載されているもの
　　　に限る。）を都道府県に提出しなければならない。なお，その理由が，経
　　　営状況の悪化である場合又は正当なものと認められない場合には，特例認
　　　定承継会社は，認定経営革新等支援機関から指導及び助言を受けて，当該
　　　書類にその内容を記載しなければならない。
　　④　経営環境の変化を示す一定の要件を満たす場合において，特例承継期間
　　　経過後に，特例認定承継会社の非上場株式の譲渡をするとき，特例認定承
　　　継会社が合併により消滅するとき，特例認定承継会社が解散をするとき等
　　　には，次のとおり納税猶予税額を免除する。

イ　特例認定承継会社に係る非上場株式の譲渡若しくは合併の対価の額
（当該譲渡又は合併の時の相続税評価額の50％に相当する額を下限とす
る。）又は解散の時における特例認定承継会社の非上場株式の相続税評
価額を基に再計算した贈与税額等と譲渡等の前5年間に特例後継者及び
その同族関係者に対して支払われた配当及び過大役員給与等に相当する
額（以下「直前配当等の額」という。）との合計額（合併の対価として
交付された吸収合併存続会社等の株式の価額に対応する贈与税額等を除
いた額とし，当初の納税猶予税額を上限とする。）を納付することとし，
当該再計算した贈与税額等と直前配当等の額との合計額が当初の納税猶
予税額を下回る場合には，その差額を免除する。

ロ　特例認定承継会社の非上場株式の譲渡をする場合又は特例承継認定会
社が合併により消滅する場合（当該譲渡又は合併の対価の額が当該譲渡
又は合併の時の相続税評価額の50％に相当する額を下回る場合に限る。）
において，下記ハの適用を受けようとするときには，上記イの再計算し
た贈与税額等と直前配当等の額との合計額については，担保の提供を条
件に，上記イにかかわらず，その納税を猶予する。

ハ　上記ロの場合において，上記ロの譲渡又は合併後2年を経過する日に
おいて，譲渡後の特例認定承継会社又は吸収合併存続会社等の事業が継
続しており，かつ，これらの会社において特例認定承継会社の譲渡又は
合併時の従業員の半数以上の者が雇用されているときには，実際の譲渡
又は合併の対価の額を基に再々計算した贈与税額等と直前配当等の額と
の合計額（合併の対価として交付された吸収合併存続会社等の株式の価
額に対応する贈与税額等を除く。）を納付することとし，当該再々計算
した贈与税額等と直前配当等の額との合計額が上記ロにより納税が猶予
されている額を下回る場合には，その差額を免除する。

（注4）上記の「経営環境の変化を示す一定の要件を満たす場合」とは，次のい
ずれか（特例認定承継会社が解散をした場合にあっては，ホを除く。）に該
当する場合をいう。

イ　直前の事業年度終了の日以前3年間のうち2年以上，特例認定承継会
社が赤字である場合

ロ　直前の事業年度終了の日以前3年間のうち2年以上，特例認定承継会
社の売上高が，その年の前年の売上高に比して減少している場合

ハ　直前の事業年度終了の日における特例認定承継会社の有利子負債の額
が，その日の属する事業年度の売上高の6月分に相当する額以上である
場合

ニ　特例認定承継会社の事業が属する業種に係る上場会社の株価（直前の
事業年度終了の日以前1年間の平均）が，その前年1年間の平均より下

第2章　事業承継対策としての事業及び資産の選別と税務上の取扱い　43

　　　落している場合
　ホ　特例後継者が特例認定承継会社における経営を継続しない特段の理由
　　　があるとき
　　　　　ただし，特例認定承継会社の非上場株式の譲渡等が直前の事業年度終
　　　了の日から6月以内に行われたときは上記イからハまでについて，当該
　　　譲渡等が同日後1年以内に行われたときは上記ニについて，それぞれ
　　　「直前の事業年度終了の日」を「直前の事業年度終了の日の1年前の日」
　　　とした場合にそれぞれに該当するときについても，「経営環境の変化を示
　　　す一定の要件を満たす場合」に該当するものとする。
　⑤　特例後継者が贈与者の推定相続人以外の者（その年1月1日において20
　　歳以上である者に限る。）であり，かつ，その贈与者が同日において60歳
　　以上の者である場合には，相続時精算課税の適用を受けることができるこ
　　ととする。
　⑥　その他の要件等は，現行の事業承継税制と同様とする。

　※　厳密には，旧制度と新制度の両方が併存するが，新制度のほうが有利であるため，
　　本書では新制度を前提に解説を行う。

(2)　非上場株式等に係る贈与税の納税猶予制度

①　制度の概要

　贈与税の納税猶予制度は，特例経営承継受贈者（後継者）が，非上場会社を
経営していた贈与者（先代経営者等）から贈与によりその会社の株式等を取得
し，その会社を経営していく場合には，その経営承継受贈者が納付すべき贈与
税額のうち，贈与により取得した議決権株式等に係る贈与税の納税を猶予する
という制度である（措法70の7の5）。ただし，この制度の適用を受けるため
には，中小企業における経営の承継の円滑化に関する法律12条1項の認定を受
けることが必要になる。

　また，この制度が規定しているのは贈与税額の猶予であり，免除ではないこ
とから，例えば，承継した株式の譲渡を行う場合には，猶予されていた贈与税
及び利子税の納税が必要となるという点に留意が必要である。

　※　特例経営承継受贈者とは，以下のものをいう（措法70の7の5②六）。
　　特例贈与者から贈与により特例認定贈与承継会社の非上場株式等の取得をした個人

で，次に掲げる要件のすべてを満たす者（その者が二人または三人以上ある場合には，当該特例認定贈与承継会社が定めた二人または三人までに限る。）をいう。

イ．当該個人が，当該贈与の日において20歳以上であること。

ロ．当該個人が，当該贈与の時において，当該特例認定贈与承継会社の代表権（制限が加えられた代表権を除く。）を有していること。

ハ．当該贈与の時において，当該個人と同族関係者の有する当該特例認定贈与承継会社の非上場株式等に係る議決権の数の合計が，当該特例認定贈与承継会社に係る総株主等議決権数の100分の50を超える数であること。

ニ．当該贈与の時において，当該個人が有する当該特例認定贈与承継会社の非上場株式等に係る議決権の数が，いずれの同族関係者が有する当該特例認定贈与承継会社の非上場株式等に係る議決権の数を下回らないこと（当該個人が二人または三人の場合には，当該個人が有する当該特例認定贈与承継会社の非上場株式等に係る議決権数が100分の10以上であること及びいずれの同族関係者が有する当該特例認定贈与承継会社の非上場株式等に係る議決権の数をも下回らないこと。）。

ホ．当該個人が，当該贈与の時から当該贈与の日の属する年分の贈与税の申告書の提出期限（当該提出期限前に当該個人が死亡した場合には，その死亡の日）まで引き続き当該贈与により取得をした当該特例認定贈与承継会社の特例受贈非上場株式等のすべてを有していること。

ヘ．当該個人が，当該贈与の日まで引き続き3年以上にわたり当該特例認定贈与承継会社の役員その他の地位として財務省令で定めるものを有していること。

ト．旧事業承継税制の適用を受けていないこと。

チ．当該個人が，当該特例認定贈与承継会社の経営を確実に承継する者であると認められること。

※　先代経営者とは，贈与の時前において，特例認定贈与承継会社の代表権（制限が加えられた代表権を除く。）を有していた個人で，次に掲げる要件のすべてを満たすものをいう（措令40の8の5①一）。

一．当該贈与の直前（当該個人が当該贈与の直前において当該特例認定贈与承継会社の代表権を有しない場合には，当該個人が当該代表権を有していた期間内のいずれかの時及び当該贈与の直前）において，当該個人及び同族関係者の有する当該特例認定贈与承継会社の非上場株式等に係る議決権の数の合計が，当該特例認定贈与承継会社の総株主等議決権数の100分の50を超える数であること。

二．当該贈与の直前（当該個人が当該贈与の直前において当該特例認定贈与承継会社の代表権を有しない場合には，当該個人が当該代表権を有していた期間内のいずれかの時及び当該贈与の直前）において，当該個人が有する当該特例認定贈与承継会社の非上場株式等に係る議決権の数が，同族関係者のうちいずれの者が有する当該非上場株式等に係る議決権の数を下回らないこと。

三．当該贈与の時において，当該個人が当該特例認定贈与承継会社の代表権を有していないこと。

第2章　事業承継対策としての事業及び資産の選別と税務上の取扱い　　45

②　適用対象会社

贈与税納税猶予制度の適用を受けられる会社を「認定贈与承継会社」といい，適用を受けるには以下の3つの要件を満たす必要がある。

(i)　中小企業者の要件（円滑化法2，円滑化令）

■円滑化法

業種	資本金	従業員数
製造業・建設業・運輸業・その他	3億円以下	300人以下
卸売業	1億円以下	100人以下
サービス業	5,000万円以下	100人以下
小売業	5,000万円以下	50人以下

■政令により拡大した業種

業種	資本金	従業員数
ゴム製品製造業	3億円以下	900人以下
ソフトウェア業・情報処理サービス業	3億円以下	300人以下
旅館業	5,000万円以下	200人以下

　　※　極めて稀なケースと思われるが，M&Aや組織再編を行った結果として，中小企業者の要件を満たしたり，満たさなくなったりするケースもあり得る。

(ii)　税制上の要件（措法70の7の5②一，措令40の8の5⑨）

下記のすべての要件を満たす必要がある。

イ．当該会社の常時使用従業員の数が1人以上であること。

ロ．当該会社が，資産保有型会社または資産運用型会社に該当しないこと。

ハ．当該会社の株式等及び特定特別関係会社の株式等が，非上場株式等に該当すること。

ニ．当該会社及び特定特別関係会社が，風俗営業会社に該当しないこと。

ホ．当該会社の特別関係会社が外国会社に該当する場合にあっては，当該会社の常時使用従業員の数が5人以上であること。

ヘ．贈与の日の属する事業年度の直前の事業年度（当該贈与の日が当該贈与の日の属する事業年度の末日である場合には，当該贈与の日の属する事業年度及び当該事業年度の直前の事業年度）における総収入金額が，0を超えること。

ト．会社法108条1項8号に掲げる事項についての定めがある種類の株式を当該円滑化法認定を受けた会社に係る特例経営承継受贈者以外の者が有していないこと。

チ．当該会社及び特定特別関係会社が，中小企業における経営の承継の円滑化に関する法律2条に規定する中小企業者に該当すること。

※　贈与前3年以内に特例経営承継受贈者（同族関係者を含む。）から現物出資または贈与により取得した資産合計額の総資産に占める割合が70％以上である場合には，本特例の適用はない（措法70の7の5㉔）。この制限規定は，個人資産を会社へ移転し，株式等の形に変えて贈与をすることにより，納税猶予の適用を受ける行為を防止する観点から設けられている。また，贈与の時において現物出資等資産を有していなくなっている場合であっても，それを有しているものとしてその価額を算定することになる。

※　資産保有型会社とは，贈与の日の属する事業年度の直前の事業年度の開始の日から納税の猶予に係る期限が確定する日までの期間内のいずれかの日において，次のイ及びハに掲げる金額の合計額に対するロ及びハに掲げる金額の合計額の割合が100分の70以上となる会社をいう（措法70の7の5②三）。

　　イ．その日における当該会社の総資産の貸借対照表に計上されている帳簿価額の総額

　　ロ．その日における当該会社の特定資産の貸借対照表に計上されている帳簿価額の合計額。なお，特定資産とは，以下に掲げるものをいう（措規23の9⑭，円滑化規1⑫二）。

　　　　• 有価証券及び有価証券とみなされる権利（ただし，当該会社の特別子会社が資産保有型子会社または資産運用型子会社に該当しない場合には，当該特別子会社の株式は除外する。）

　　　　• 遊休不動産及び賃貸不動産

　　　　• ゴルフ場その他の施設の利用に関する権利

　　　　• 絵画，彫刻，工芸品その他の有形の文化的所産である動産，貴金属及び宝石

　　　　• 現金，預貯金その他これらに類する資産（経営承継受贈者及び同族関係者に対

第2章 事業承継対策としての事業及び資産の選別と税務上の取扱い　47

する貸付金，未収金その他これらに類する資産を含む。）

　　ハ．その日以前5年以内において，特例経営承継受贈者及び同族関係者が当該会社
　　　から受けた剰余金の配当等の額と過大役員給与等の合計額
※　資産運用型会社とは，贈与の日の属する事業年度の直前の事業年度の開始の日から
　納税の猶予に係る期限が確定する日までに終了する事業年度の末日までの期間内のい
　ずれかの事業年度における総収入金額に占める特定資産の運用収入の合計額の割合が
　100分の75以上となる会社をいう（措法70の7の5②四）。

　　ただし，資産保有型会社または資産運用型会社に該当したとしても，次に掲げる要
　件のすべてに該当する場合には，納税猶予の適用を受けることができる（措令40の8
　⑤）。

　　イ．当該資産保有型会社等が，贈与の日まで引き続き3年以上にわたり，商品の販
　　　売その他の業務で財務省令に定めるものを行っていること。
　　ロ．イの贈与の時において，親族外従業員の数が5人以上であること。
　　ハ．イの贈与の時において，ロの親族外従業員が勤務している事務所，店舗，工場
　　　その他これらに類するものを所有し，または賃借していること。

(iii)　経済産業大臣の認定要件（円滑化規6①七）

下記のすべての要件を満たす必要がある。

イ．上場会社等または風俗営業会社のいずれにも該当しないこと

ロ．資産保有型会社に該当しないこと

ハ．資産運用型会社に該当しないこと

ニ．総収入金額が零を超えること

ホ．常時使用する従業員の数が1人以上（中小企業者の特別子会社が外国
　会社に該当する場合（当該中小企業者または当該中小企業者による支配
　関係がある法人が当該特別子会社の株式または持分を有する場合に限
　る。）にあっては5人以上）であること

ヘ．贈与の時以後において，中小企業者の特定特別子会社が上場会社等，
　大会社または風俗営業会社のいずれにも該当しないこと

ト．後継者が特例経営承継受贈者であること

チ．贈与者が保有する株式等を一括贈与（3分の2に達するまでまたは全
　株）すること

リ．特例経営承継受贈者以外の者が黄金株を有していないこと

ヌ．認定申請基準日において，贈与時の常時使用従業員の80％を下回らないこと

③ 贈与者が死亡した場合の取扱い

先代経営者である贈与者が死亡した場合には，猶予されている贈与税は免除される（措法70の7の5⑪）。しかし，生前贈与を受けた特例対象株式（納税猶予制度の適用会社の株式）は，相続または遺贈により取得したものとみなされて相続税の課税を受けることになる（措法70の7の7）。

なお，この場合に課される相続税についても，一定の要件を満たした場合には，その課税価格に対応する相続税の全額に対して，相続税の納税猶予の適用を受けることができる（措法70の7の8）。

(3) 非上場株式等に係る相続税の納税猶予制度

相続税の納税猶予制度は，特例経営承継相続人（後継者）が，非上場会社を経営していた被相続人（先代経営者等）から相続または遺贈によりその会社の株式等を取得し，その会社を経営していく場合には，その特例経営承継相続人が納付すべき相続税額のうち，相続または遺贈により取得した議決権株式等に係る相続税の納税を猶予するという制度である（措法70の7の6）。

なお，この制度が規定しているのは相続税額の猶予であり，免除ではないことから，例えば承継した株式の譲渡を行う場合には猶予されていた相続税及び利子税の納税が必要となるという点に留意が必要である。

具体的な内容については，特例経営承継相続人の定義以外は，贈与税の納税猶予制度と大きく変わらないため，詳細については，そちらを参照されたい。なお，相続税における特例経営承継相続人の定義は，被相続人から相続または遺贈により特例認定承継会社の非上場株式等の取得をした個人で，次に掲げる要件のすべてを満たす者（その者が二人または三人以上ある場合には，当該特例認定承継会社が定めた二人または三人までに限る。）をいう（措法70の7の

第2章　事業承継対策としての事業及び資産の選別と税務上の取扱い　49

6②七，措規23の12の3⑨)。

イ．当該個人が，相続の開始の日の翌日から5月を経過する日において，特例認定承継会社の代表権を有していること。

ロ．相続の開始の時において，当該個人及び同族関係者の有する特例認定承継会社の非上場株式等に係る議決権の数の合計が，当該特例認定承継会社に係る総株主等議決権数の100分の50を超える数であること。

ハ．相続の開始の時において，特例経営承継相続人が有する特例認定承継会社の非上場株式等に係る議決権の数が，同族関係者のうちいずれの者が有する当該特例認定承継会社の非上場株式等に係る議決権の数をも下回らないこと（当該個人が二人または三人の場合には，当該個人が有する当該特例認定承継会社の非上場株式等に係る議決権数が100分の10以上であること及びいずれの同族関係者が有する当該特例認定承継会社の非上場株式等に係る議決権の数をも下回らないこと。)。

ニ．当該個人が，相続の開始の時から当該相続に係る相続税の申告書の提出期限（当該提出期限前に当該個人が死亡した場合には，その死亡の日）まで引き続き当該相続または遺贈により取得をした当該特例認定承継会社の特例対象非上場株式等のすべてを有していること。

ホ．当該個人が，相続の開始の直前において，当該会社の役員であること（当該相続に係る被相続人が60歳未満で死亡した場合を除く。)。

ヘ．旧事業承継税制の適用を受けていないこと。

⑷　M&Aへの影響

このように，平成30年度税制改正により，非上場株式等に係る贈与税・相続税の納税猶予の特例制度が設けられた。従来に比べて，かなり使いやすくなったことと，被相続人から後継者が引き継いだ非上場株式に対する贈与税及び相続税の全額が猶予されることから，今後の事業承継対策では，必ず検討せざるを得ない制度であるといえる。さらに，第6章で解説するように，納税猶予を

行った後継者が相続した非上場会社がM&Aを行う場合には，猶予された贈与税及び相続税を納税する必要が生じることがある。

また，M&Aや不動産の譲渡を行ってから生前贈与を行う場合には，M&Aや不動産の譲渡を行った後の非上場株式について，納税猶予の要件を満たしているかどうかの検討（ex. M&Aを行った後の非上場会社が，資産保有型会社または資産運用型会社に該当しないか等）が必要となる。残った事業に対する納税猶予の特例を適用することができれば，贈与税または相続税の大幅な節税が可能になるからである。

このように，M&Aや不動産の譲渡を行うにしても，残った事業や資産に対する相続税対策が必要になると思われる。

第3章 最低限押さえておきたい M&A税務の基礎

M&A税務というと複雑に感じられるのかもしれないが，理解すべきポイントは限られている。本章では，相続税対策を含めてM&Aのストラクチャーを検討する際に理解しておくべき税務上の取扱いについて解説を行う。

1 | 法人税及び所得税の概要

(1) 法人税の概要

① 繰越欠損金

法人税の計算は，事業年度ごとに行われることから，原則として，ある事業年度の利益と他の事業年度の損失とを相殺することはできない。

しかし，青色申告法人では，7年～10年間の繰越欠損金の繰越しが認められており，ある事業年度で発生した損失は，将来の事業年度における課税所得と相殺することを認めている（法法57①）。なお，平成27年度税制改正により，中小法人に該当しない場合には，課税所得の50％までしか繰越欠損金を使用することができなくなった。

> ※ 中小法人とは，資本金の額または出資金の額が1億円以下であるもの（大法人の子会社等を除く。）をいう。

② 受取配当等の益金不算入

内国法人が他の内国法人から配当金を受領した場合には，「受取配当等の益金不算入」の適用がある。ここでいう「益金不算入」とは，収益から除外して，

法人税の課税所得の計算を行うという意味である。これは，他の内国法人で課税済みのその他利益剰余金について分配を受けることから，二重課税を回避するための規定である。

■受取配当等の益金不算入

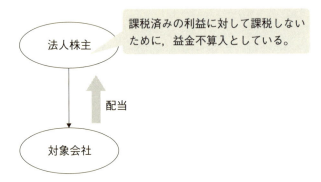

しかし，100％子会社からの配当であればともかくとして，それ以外の場合には，受取配当金に対応する負債利子が発生していると考えられることや，株式譲渡益と区別して課税関係を成立させる必要もないものもあるため，完全子法人株式等，関連法人株式等，その他の株式等，非支配目的株式等に分けて計算を行うことになる。

まず，完全子法人株式等とは，配当等の額の計算期間を通じて，内国法人との間に完全支配関係があった他の内国法人の株式または出資をいう（法法23⑤，法令22の2）。

関連法人株式等とは，内国法人が他の内国法人の発行済株式総数の3分の1を超える数の株式を，当該内国法人が当該他の内国法人から受ける配当等の額の支払いに係る効力が生じる日以前6か月以上引き続き有している場合における株式をいう（法法23⑥，法令22の3）。

具体的な受取配当等の益金不算入の計算は以下のようになる。

> **完全子法人株式等**
> 受取配当金の金額の総額が益金不算入額となる。

> **関連法人株式等**
> 受取配当金の金額 − 控除負債利子 ＝ 益金不算入額
> 控除負債利子 ＝ 支払利子 × 関連法人株式等の帳簿価額／総資産価額

> **それ以外の株式等**
> 受取配当金の金額 × 50% ＝ 益金不算入額

> **非支配目的株式等**
> 受取配当金の金額 × 20% ＝ 益金不算入額

このように，受取配当金に対しては，受取配当等の益金不算入が適用されることから，他の利益に比べて，税負担を圧縮することができる。

　　※　実務上，稀なケースであると考えられるが，同族会社等の留保金課税の適用を受ける法人では，受取配当等の益金不算入を適用する前の所得を基礎に留保所得の計算を行うこととされているため（法法67③二），受取配当金に対して留保金課税の対象になるケースがある。

　　※　上記のほか，受取配当金に対しては，所得税法上，源泉所得税が課されるという点に留意が必要である。源泉所得税は，税金の前払い的な性格のものであるため，法人税法上，所得税額控除の適用が認められており，原則として，確定申告から支払うべき法人税額から控除することが認められている。なお，実務上の落とし穴として，配当計算期間の一部について，株式を保有していない場合，例えば，他の株主から株式を取得してから数か月で配当を行った場合には，所得税額控除の一部が認められない可能性があるため，留意が必要である。

(2) 所得税の概要

実務上，被買収会社の株主は法人ではなく，個人である場合も多いと思われる。なお，現在の最高税率は，復興税制を無視すると，所得税45%，住民税10%である（復興税制を加味すると，所得税率45.945%，住民税率10%となる）。

① 配当所得課税

居住者が内国法人から配当を受け取った場合には，配当所得として課税される（所法24①）。また，通常の利益配当のほか，組織再編や資本等取引により発生したみなし配当も，配当所得に含まれる（所法25①）。

配当所得は，給与所得，事業所得，不動産所得等と合算して，総合課税の適用を受ける。総合課税の適用を受けた場合には，累進課税により所得税額が計算されるが，多額の配当所得が発生した場合には，配当所得のほとんどに対して，最高税率である55％（所得税率45％，住民税率10％）の課税が発生する。

これに対し，配当所得が発生した場合には，発行法人ですでに課税された後のその他利益剰余金を原資として支払われたものであることから，二重課税を排除するため，配当控除の適用が認められており，所得税額から税額控除を行うことができる（所法92）。

しかしながら，配当控除の計算は，それぞれの課税所得，配当所得の金額によって異なるが，実務上，みなし配当が生じる場合や，事業譲渡または会社分割により支払われた譲渡代金を株主に分配する場合には，一時に多額の配当所得が生じることがある。このような場合には，配当所得の6.4％（所得税率5％，住民税率1.4％）しか税額控除を取ることができないことが多く，十分に二重課税が排除されているとは言い難い。

このように，配当所得に対する実効税率のほとんどが48.6％（所得税40％，住民税8.6％）になることが多いが，2037年（平成49年）までの間，所得税に対して2.1％分の金額が復興特別所得税として課税されるため，上記の実効税率は49.44％となる。

> ※　配当控除の計算については細かく規定されており，課税所得が小さい場合には，10％の配当控除を行うこともできるが，M&Aにおいて生じるみなし配当のように多額の課税所得が生じる場合には，配当控除が6.4％になることがほとんどである。

② 譲渡所得課税

日本の居住者が資産の譲渡を行った場合には，その譲渡利益に対して譲渡所得として課税される。

第3章　最低限押さえておきたいM&A税務の基礎　55

　株式譲渡方式を採用した場合にも，居住者が所有している被買収会社株式が譲渡されるため，譲渡利益が発生した場合には，譲渡所得として分離課税の適用を受ける。その場合の税率は20.315％（所得税率15.315％，住民税率5％）である（措法37の10①，地法附則35の2①⑤）。

　これに対し，譲渡損失が発生した場合には，譲渡損失がなかったものとみなされるため，給与所得等の他の課税所得と相殺することはできない（措法37の10①，地法附則35の2①⑤）。

　　※　譲渡所得に対する税率は20％（所得税15％，住民税5％）であるが，復興税制により，平成25年から平成49年までの所得税額に対して2.1％の「復興特別所得税」が課されているため，実質的な最高税率は20.315％となる。
　　※　実務上，該当するケースは稀であると考えられるが，「土地譲渡類似株式等の譲渡を行った場合」には，上記の税率が39.63％（所得税30.63％，住民税9％）になる（措法32①②）。「土地譲渡類似株式等」とは，以下のいずれかに該当するものをいう（措令21③）。なお，以下の「土地等」は土地もしくは土地の上に存する権利をいうことから，建物は含まれない。
　　①　その有する資産の価額の総額のうちに占める短期保有土地等（取得をした日の翌日から株式の譲渡をした日の属する年の1月1日までの所有期間が5年以下であるもの，及び株式の譲渡をした日の属する年に取得をしたものをいう。）の価額の合計額の割合が100分の70以上である法人の株式等
　　②　その有する資産の価額の総額のうちに占める土地等の価額の合計額の割合が100分の70以上である法人の株式のうち，次のいずれかに該当するもの
　　（i）　その年の1月1日において個人がその取得をした日の翌日から引き続き所有していた期間が5年以下である株式
　　（ii）　その年中に取得をした株式

③　退職所得課税

　居住者が退職を基因として退職金を受け取った場合には，退職所得として取り扱われる。

　退職所得に係る課税は，他の所得と分離して累進課税の対象になる。この場合における課税所得の計算は以下のとおりである。

> **退職所得の金額（所法30）**
>
> 退職所得の金額 =（退職金の金額 - 退職所得控除）$\times \dfrac{1}{2}$
>
> ［退職所得控除］
> - 勤続年数が20年以下の場合：勤続年数×40万円（最低80万円）
> - 勤続年数が20年超の場合：800万円 +（勤続年数 - 20年）×70万円

　また，上記により計算された退職所得に係る税率は累進課税であることから，所得水準によって異なってくるが，その最高税率は55.945％（所得税率45.945％，住民税率10％）である。

　さらに，退職所得の金額は，退職金の金額から退職所得控除を控除した金額に2分の1を乗じた金額として計算されることから，退職金に係る最高実効税率は，約27％となる。

> ※　平成24年度税制改正により，勤続年数が5年以内の役員等については，課税所得に2分の1を乗じる特例の適用を受けることができなくなったため，留意が必要である。

2 ｜ 組織再編税制

(1) 概　要

　組織再編税制の導入により，合併，会社分割及び現物出資が，それぞれ適格組織再編と非適格組織再編とに分けて整理された。すなわち，適格合併に該当した場合には，被合併法人の資産及び負債を合併法人に簿価で引き継ぎ（法法62の2①），非適格合併に該当した場合には，被合併法人の資産及び負債を合併法人に時価で移転することになる（法法62①）。なお，適格組織再編に該当した場合に簿価で資産及び負債を引き継ぐことができるという任意規定ではなく，適格組織再編に該当した場合に簿価で資産及び負債を引き継がなければならないという強制規定であるという点に留意が必要である。

　会社分割及び現物出資についても同様に，適格組織再編に該当した場合には

第3章　最低限押さえておきたいM&A税務の基礎　　57

資産または負債を簿価で移転し（法法62の2②，62の3①，62の4①），非適
格組織再編に該当した場合には資産または負債を時価で移転することになる。

さらに，事業譲渡は組織再編税制の対象外となっているが，適格組織再編に
該当するためには，金銭等不交付要件が課されていることから，対価として金
銭等を交付することが通例である事業譲渡は非適格組織再編と同様の取扱いと
なっている。すなわち，事業譲渡法人の資産または負債を時価で事業譲受法人
に移転することとなる。

なお，組織再編税制には，現物分配，株式交換，株式移転及びスクイーズア
ウトも対象となっているが，オーナー企業を対象にしたM&Aにおいて用いら
れることは稀であるため，本書ではその解説を省略する。

(2)　税制適格要件

適格合併は，①グループ内の適格合併，②共同事業を行うための適格合併の
2つに大別される。さらに，①グループ内の適格合併は，(i)完全支配関係にお
ける適格合併と，(ii)支配関係における適格合併に分けられる。それぞれにおけ
る税制適格要件は以下のとおりである（法法2十二の八，法令4の3①～④）。

■税制適格要件

完全支配関係	支配関係	共同事業
(イ)　金銭等不交付要件	(イ)　金銭等不交付要件 (ロ)　従業者引継要件 (ハ)　事業継続要件	(イ)　金銭等不交付要件 (ロ)　従業者引継要件 (ハ)　事業継続要件 (ニ)　事業関連性要件 (ホ)　事業規模要件または 　　　特定役員引継要件 (ヘ)　株式継続保有要件

会社分割，現物出資についても類似の判定を行うが，それぞれの組織再編の
態様が異なることから，細かなところでは，税制適格要件の内容が異なってい
る（法法2十二の十一，十二の十四）。なお，平成29年度税制改正により，適格

分割型分割の対象として，スピンオフ税制が導入されたが，上場会社がノンコア事業を切り離し，当該切り離されたノンコア事業も上場させる場合を想定したものであることから，オーナー企業を対象としたM&Aにおいて用いられることはないと思われる。

ここでいう完全支配関係は，発行済株式のすべてを支配する関係をいい，支配関係は，発行済株式総数の50％超を支配する関係をいう（法令4の2）。完全支配関係に該当するのか，支配関係に該当するかの判定は，組織再編の直前とその後の完全支配関係または支配関係の継続見込みで判断するものが多い（法令4の3）。すなわち，分社型分割を行った後に，分割承継法人株式を外部に譲渡する場合には，分割後の完全支配関係及び支配関係が継続することが見込まれていないため，完全支配関係における適格分割または支配関係における適格分割にそれぞれ該当しない。ただし，第4章で解説するように，平成29年度税制改正により，分割型分割を行った場合には，支配株主による分割承継法人に対する完全支配関係または支配関係が継続することのみが要求され，分割法人に対する完全支配関係または支配関係が継続することまでは要求されなくなったため，分割法人株式の譲渡が見込まれるような事案であっても，適格分割型分割に該当することもあり得る。

これに対し，第7章で解説するように，買収会社が被買収会社の発行済株式の全部を取得した後に，買収会社を合併法人とし，被買収会社を被合併法人とする吸収合併を行う場合には，吸収合併の直前に完全支配関係が成立しているため，グループ内の合併に該当する。このように，買収後の事業統合を行う場合には，適格合併に該当しやすい。

完全支配関係に該当するのか，支配関係に該当するのかの判定は，株主が個人である場合には，その個人が保有する株式のほか，「特殊の関係のある個人」が保有する株式を合算して判定するという点に留意が必要である（法令4の2，4①）。具体的に，「特殊の関係のある個人」とは，以下のものが挙げられる。

> (イ)　株主等の親族
> (ロ)　株主等と婚姻の届出をしていないが事実上婚姻関係と同様の事情にある者
> (ハ)　株主等の使用人（法人の使用人ではなく，個人株主の使用人である。）
> (ニ)　(イ)～(ハ)に掲げる者以外の者で株主等から受ける金銭その他の資産によって生計を維持しているもの
> (ホ)　(ロ)～(ニ)に掲げる者と生計を一にするこれらの親族

　※　親族とは，6親等内の血族，配偶者，3親等内の姻族が含まれる（民法725）。

　なお，完全支配関係に該当するのか，支配関係に該当するのかの判定は，直接保有割合だけでなく，間接保有割合も含めて判定するため，親会社と孫会社の合併であっても，グループ内の合併に該当する。しかしながら，一般社団法人は持分のない法人であることから，一般社団法人が保有している株式は含めずに，グループ内の組織再編かどうかの判定を行う必要があるという点に留意が必要である。

■完全支配関係，支配関係の判定

　このように，グループ内の適格組織再編と共同事業を行うための適格組織再編について規定されているが，M&Aの実務では，グループ内の適格組織再編のみを理解しておけば十分である。そして，ほとんどの場合において，適格組織再編の要件を満たすものは，完全支配関係における組織再編であるといえる。完全支配関係における組織再編を行う場合には，組織再編に伴って，金銭等が

交付されなければ税制適格要件を満たすことができるため，税制適格要件の判定で悩むことはそれほど多くはない。

補足 **支配関係における適格組織再編**

前述のように，M&Aの実務では，完全支配関係における適格組織再編のみを理解しておけば十分であるが，稀に，支配関係における適格組織再編に該当するかどうかを検討することがある。会社分割と現物出資における税制適格要件は，国境を挟む組織再編を行わなければ，まったく同じであることから，以下では，合併と会社分割における税制適格要件について解説を行う。

①　合　併

支配関係における適格合併に該当するためには，以下の要件を満たす必要がある（法法２十二の八ロ）。

(イ)　金銭等不交付要件

(ロ)　従業者引継要件

(ハ)　事業継続要件

ここでは，支配関係における適格合併において追加的に課されている「従業者引継要件」，「事業継続要件」についての解説を行う。

(ⅰ)　従業者引継要件

イ．基本的な取扱い

従業者引継要件を満たすためには，被合併法人の合併の直前の従業者のうち，その総数のおおむね100分の80以上に相当する数の者が，合併後に合併法人の業務に従事することが見込まれている必要がある（法法２十二の八ロ(1)）。

この場合の「従業者」とは，「従業員」とは異なり，被合併法人の合併前に行う事業に現に従事する者として定義されている（法基通１－４－４）。すな

わち，従業員だけでなく，取締役，監査役，執行役員，出向受入社員，派遣社員，アルバイトやパートタイムで働いている者などが含まれる。また，他社に出向している者は，たとえ従業員であっても，被合併法人の事業に従事していないことから，「従業者」からは除かれる。

実務上，従業者数の判定において，パート，アルバイトを含めずに判定を行ってしまう間違いが多く見受けられる。パート，アルバイトを含めずに判定を行っても，含めて判定を行っても，従業者の総数の100分の80以上を引き継いでいたため，結果的に，従業者引継要件の判定を間違わなくて済んだということが多いが，パート，アルバイトを含めるか否かで従業者引継要件を満たすか否かの結論が分かれることもあり得るため，慎重な検討が必要となる。

さらに，「従業者」と「従業員」の定義を混合してしまった結果，「取締役」，「監査役」を「従業者」に含めていなかったケースも散見される。「取締役」，「監査役」を従業者に含めるか否かで，従業者引継要件の判定が変わることもあるため，留意が必要である。

なお，勤務実態がなく，かつ，無報酬である「取締役」，「監査役」については，実質的に被合併法人の合併前に営む事業に従事していないと考えられるため，従業者から除外して検討する余地もあるが，実務上の判断が難しいため，慎重な対応が必要となる。

ロ．合併後に合併法人の業務に従事することが見込まれていること

「合併法人の業務に従事することが見込まれていること」の解釈として，合併直後に合併法人の業務に従事していればよいわけではなく，その後も継続して従事することが見込まれている必要がある。ただし，最終的には，従業者は定年等により退職することが見込まれていることから，「合併法人の業務に従事することが見込まれていること」の考え方としては，「定年や死亡などの事情がない限り，今のところ退職することが見込まれていないこと」と解釈されている。

さらに，「見込まれている」と規定されていることから，合併後の後発事象，つまり，業績の悪化によるリストラなどが生じたとしても，少なくとも合併時

点では，継続的に従事することが見込まれていたのであれば，従業者引継要件の判定には影響を与えない。

また，合併法人の業務に従事することが見込まれているか否かの判断は，合併法人，被合併法人において見込まれているか否かで判定すべきであるのに対し，パートやアルバイトが日常的に入れ替わるという点については，合併法人，被合併法人の意思とは異なることから，従業者引継要件に抵触させるべきではない。すなわち，結婚，出産，転職などの従業者の自己都合による退職については従業者引継要件には抵触しないと考えられる。

ハ．合併後の配置転換

従業者引継要件を満たすためには，被合併法人の合併の直前の従業者のうち，その総数のおおむね100分の80以上に相当する数の者が，合併後に合併法人の業務に従事することが見込まれている必要がある。

しかし，条文上，被合併法人から引き継いだ従業者が，合併法人の業務に従事することは要求されているが，合併法人内部でどの業務に従事するかは問われておらず，法人税基本通達１－４－９でも，被合併法人から引き継いだ事業以外の業務に従事したとしても，合併法人の業務に従事していれば問題ないことが明らかにされている。

したがって，合併後に，被合併法人から引き継いだ従業者を，合併前に合併法人が営んでいた事業や，新規に開始する事業に従事させても，従業者引継要件の判定上，特に問題にならない。

ニ．合併法人の従業者の取扱い

従業者引継要件を満たすためには，被合併法人の合併の直前の従業者のうち，その総数のおおむね100分の80以上に相当する数の者が，合併後に合併法人の業務に従事することが見込まれている必要がある。これに対し，合併法人の従業者の継続勤務は要求されていない。そのため，合併法人の従業者が合併を機に退職する場合であっても，従業者引継要件に抵触しない。

(ii) 事業継続要件

事業継続要件を満たすためには，被合併法人が合併前に行う主要な事業が合併後に合併法人において引き続き行われることが見込まれている必要がある（法法2十二の八ロ(2)）。

また，合併後の後発事象により，合併法人に引き継いだ事業を廃止せざるを得なくなった場合であっても，合併の時点で，引き続き行われることが見込まれていたのであれば，事業継続要件を満たすことができる。

さらに，従業者引継要件と同様に，被合併法人が合併前に行う事業が引き続き行われることが見込まれていることは要求されているが，合併法人が合併前に行う事業が引き続き行われることが見込まれていることは要求されていないため，合併法人の事業を廃止することが見込まれていたとしても，事業継続要件に抵触しない。

なお，実務上，事業継続要件で問題になりやすい事案としては，(イ)被合併法人に事業が存在するか不明な場合，(ロ)被合併法人から合併法人に対してのみ不動産の賃貸を行っている場合である。このうち，(イ)については，どのような要件を満たしたら事業が存在するといえるのかにつき争いがあり，実務上，統一見解は存在しない。とりわけ不動産賃貸業では，従業者が存在しないことが多く，明確な判断ができないことが少なくない。そして，(ロ)については，合併により不動産の借り手と貸し手が同一になってしまうことから，不動産賃貸業という事業が存在しなくなるため，事業継続要件に抵触することになる。

② 会社分割

支配関係における適格分割に該当するためには，以下の要件を満たす必要がある（法法2十二の十一）。

イ．金銭等不交付要件

ロ．按分型要件（分割型分割の場合のみ）

ハ．主要資産等引継要件

    ニ．従業者引継要件
    ホ．事業継続要件

　ここでは，支配関係における適格分割で追加的に課されている主要資産等引
継要件，従業者引継要件，事業継続要件の解説を行う。

(i) 主要資産等引継要件

　主要資産等引継要件を満たすためには，分割により分割事業に係る主要な資
産及び負債が分割承継法人に移転している必要がある（法法２十二の十一ロ(1)）。
この場合における「分割事業」とは，分割法人の分割前に行う事業のうち，当
該分割により分割承継法人において行われることとなる事業をいう。

　実務上，どのような資産及び負債が「主要な資産及び負債」に該当するのか
が問題となるが，法人税基本通達１－４－８では，分割法人が分割事業を行う
上での当該資産及び負債の重要性のほか，当該資産及び負債の種類，規模，事
業再編計画の内容等を総合的に勘案して判定するとだけ規定されており，それ
以上のことは規定されていない。

　この点については，実務上，製造業における工場の土地・建物，製造設備，
不動産賃貸業における賃貸用不動産，預り敷金・保証金，飲食業における店舗，
店舗設備などのように，その事業を営むうえで必要不可欠な資産及び負債を
「主要な資産及び負債」として取り扱うべきであると考えられる。

　そのため，一般的には，売掛金，買掛金のように流動性が高く，かつ，分割
承継法人に移転しなくても，分割承継法人での分割事業の継続に何ら支障がな
い資産及び負債は，「主要な資産及び負債」に含まれない。

(ii) 従業者引継要件

　従業者引継要件を満たすためには，分割の直前の分割事業に係る従業者のう
ち，その総数のおおむね100分の80以上に相当する数の者が，分割後に分割承
継法人の業務に従事することが見込まれていることが必要になる（法法２十二

の十一ロ(2))。

この場合の「従業者」とは、「従業員」とは異なり、分割の直前において分割事業に現に従事する者として定義されている（法基通1－4－4）。そのため、従業員だけでなく、取締役、監査役、執行役、出向受入社員、派遣社員、アルバイトやパートタイムで働いている者などが含まれる。この考え方は、前述の合併における従業者引継要件と変わらない。

これに対し、合併と異なる点として、引き継ぐべき従業者の範囲が挙げられる。なぜなら、会社分割の場合には、分割の直前の分割事業に従事している従業者のおおむね100分の80以上に相当する数の者を、分割承継法人に引き継いでいるか否かによって「従業者引継要件」を満たすか否かを判定することから、分割事業に従事しない従業者を引き継ぐ必要がないからである。

さらに、分割法人の従業者を分割承継法人に転籍させるのではなく、出向させることもある。この点については、従業者の範囲に出向受入社員を含み、他の法人に出向している者を除くこととされている。すなわち、分割法人から分割承継法人に出向したことにより、分割法人の従業者から分割承継法人の従業者に変わったといえる。そのため、分割法人から分割承継法人に出向させたとしても、従業者引継要件には抵触しない（法基通1－4－10）。

(iii) 事業継続要件

事業継続要件を満たすためには、分割に係る分割事業が分割後に分割承継法人において引き続き行われることが見込まれている必要がある（法法2十二の十一ロ(3)）。分割事業とは、分割法人の分割前に行う事業のうち、分割により分割承継法人において行われることとなる事業をいう（法法2十二の十一ロ(1)）。

なお、合併と異なり、「主要な事業」という概念がないため、分割事業が2以上ある場合には、分割事業のうちいずれか1事業のみが引き続き行われることが見込まれていれば、事業継続要件を満たすことができる。

また、実務上、分割法人がA事業を行っている場合において、A事業のうち、一部の店舗のみを分割承継法人に移転させる場合が考えられる。この点につい

ては，分割事業の定義が，「分割法人の分割前に行う事業のうち，当該分割により分割承継法人において行われることとなるものをいう（法法2十二の十一ロ(1)）。」とされていることから，分割前に分割法人において一体的に行われていたとしても，分割承継法人に移転しているもののみを「分割事業」と捉えることができる。

このように，一部の店舗のみを分割事業としたうえで，当該分割事業に係る主要資産等引継要件，従業者引継要件及び事業継続要件をそれぞれ満たす場合において，金銭等不交付要件を満たすときは，支配関係における適格分割に該当する。

(3) 繰越欠損金と特定資産譲渡等損失

① 繰越欠損金の引継ぎ

適格合併を行った場合には，被合併法人の保有する繰越欠損金を合併法人に引き継ぐことができるが（法法57②），非適格合併を行った場合には，被合併法人の保有する繰越欠損金を合併法人に引き継ぐことができない。

これに対して，会社分割，現物出資または事業譲渡を行った場合には，分割法人，現物出資法人または事業譲渡法人が解散するわけではないことから，適格組織再編に該当する場合であっても，非適格組織再編に該当する場合であっても，原則として，分割法人，現物出資法人または事業譲渡法人の繰越欠損金を引き継ぐことはできない。

② 繰越欠損金の引継制限

前述のように，適格合併を行った場合には被合併法人の繰越欠損金を引き継ぐことが認められているが，繰越欠損金の不当な利用を防止するために，支配関係（50％超の資本関係）が生じてから5年を経過していない法人と適格合併を行った場合には，繰越欠損金の引継制限が課されている（法法57③）。しかしながら，支配関係が生じてから5年を経過していない場合であっても，租税回避目的ではないと考えられるケースも存在するため，一定の要件を満たせば，

第3章　最低限押さえておきたいM&A税務の基礎　　67

繰越欠損金の引継制限は課されない。

　逆に言えば，支配関係が生じてから5年を超えていれば，「一定の要件」を満たすかどうかを検討するまでもなく，繰越欠損金の引継制限は課されないことになる。

　したがって，繰越欠損金の引継制限が問題になるのは，M&Aを行った後に，被買収会社との合併を行う場合である。この点については，第7章で解説を行う。

③　繰越欠損金の使用制限

　前述のように，適格合併を行った場合には，被合併法人の繰越欠損金を引き継ぐことができるが，一定の引継制限が課されている。

　しかし，被合併法人から引き継がれる繰越欠損金のみを制限し，合併前に合併法人が保有していた繰越欠損金に対してなんら制限を課さない場合には，逆さ合併を行うことにより，被買収会社の繰越欠損金を不当に利用するような租税回避が行われることが考えられる。

　そのため，被合併法人から引き継いだ繰越欠損金だけでなく，合併前に合併法人が保有していた繰越欠損金についても同様の使用制限が課されている（法法57④）。さらに，適格分割または適格現物出資を行った場合における分割承継法人または被現物出資法人が保有している繰越欠損金に対しても，同様の使用制限が課されている。

　しかし，繰越欠損金の引継制限と同様に，支配関係が生じてから5年を超えていれば，繰越欠損金の使用制限は課されないため，実際に問題になる事案は，M&Aを行った後に，被買収会社との適格組織再編を行う場合であろう。この点については，第7章で解説を行う。

④　特定資産譲渡等損失の損金不算入

　上記のように，適格組織再編を行った場合には，資産または負債を簿価で移転することになる。そのため，組織再編の一方の当事会社が保有する資産の含

み益と他方の当事会社が保有する資産の含み損を不当に相殺するようなことが
考えられる。

　したがって，支配関係が生じてから5年を経過しない法人との間で適格組織
再編を行った場合には，適格組織再編により引き継いだ資産（特定引継資産），
適格組織再編前から保有していた資産（特定保有資産）に対して，それぞれ特
定資産譲渡等損失の損金不算入が課されている。

　しかし，繰越欠損金の引継制限と同様に，支配関係が生じてから5年を超え
ていれば，特定資産譲渡等損失の損金不算入は課されないため，実際に問題に
なる事案は，M&Aを行った後に，被買収会社との適格組織再編を行う場合で
あろう。この点については，第7章で解説を行う。

3 ┃ 不動産取得税

(1)　原則的な取扱い

　不動産を取得した場合には，不動産取得税が課される。この場合の課税標準
は固定資産税評価額となる。ただし，平成33年3月31日までに宅地等（宅地及
び宅地比準土地）を取得した場合は，取得した不動産の価格の2分の1が課税
標準となる（地法附則11の5①）。

　さらに，不動産取得税の税率は100分の4とされているが（地法73の15），平
成33年3月31日までに取得した土地については100分の3まで軽減されている
（地法附則11の2①）。

　上記のほか，中小企業等経営強化法に規定する経営力向上計画の認定を受け
た認定事業者が，その計画に従って譲渡を受ける一定の不動産に係る不動産取
得税について，当該不動産の価格の6分の1に相当する額を価格から控除する
特例措置が平成32年3月31日まで設けられている（地法附則11⑯）。

⑵ 非課税要件

組織再編により不動産を取得した場合にも，事業譲受と同様に不動産取得税が課されている。ただし，合併，または以下に掲げる要件を満たす会社分割については不動産取得税が非課税とされている（地法73の7二，地令37の14）。

---
① 金銭等不交付要件
② 主要資産等引継要件
③ 従業者引継要件
④ 事業継続要件
⑤ 按分型要件（分割型分割の場合のみ）

不動産賃貸業をM&Aの対象にする場合には，従業者が存在しないことが多いことから，従業者引継要件を満たすことができるかどうかについて議論が生じることが多い。この点について，角田晃「都道府県税関係 会社分割における従業者要件の判定：不動産取得税の課税・非課税をめぐって（ここが知りたい最新税務M&A）」税 68巻2号71頁（平成25年）では，従業者引継要件は従業者が存在する場合にのみ要求される要件であり，従業者が存在しない場合には要求されないという解釈が示されるようになった。したがって，法人税法における従業者引継要件の判定はともかくとして，地方税法（不動産取得税）における従業者引継要件の判定では，従業者が存在しない不動産賃貸業であっても，従業者引継要件に抵触しないという見解が一般的になったと思われる（法人税法は財務省の管轄であり，地方税法は総務省の管轄であることから，法人税法においても同様に解することができるかについては争いがある）。

さらに，法人税法では，従業者が存在しない場合には，そもそも事業が存在しないことから，事業継続要件に抵触するという見解もあり得る（法規3①一ロ）。しかしながら，従業者が存在しない場合であっても，事業が反復継続的に営まれていれば「事業」が存在し，その事業が継続していれば，事業継続要件を満たすことができると解さないと，角田氏の見解が空振りとなる。そのた

め，少なくとも地方税法（不動産取得税）における解釈では，従業者が存在しなくても，反復継続的に計上される売上げがあり，会社分割後も，その売上げが継続することが見込まれていれば，事業継続要件に抵触しないとする解釈が有力になっている。

このように，従業者が存在しない場合であっても，不動産取得税の非課税要件を満たす余地はある。ただし，このような解釈は，M&Aの対象となる不動産賃貸業が反復継続的に計上される売上げがある場合に限定されており，単なる不動産の保有については適用されないという点に留意が必要である。

4 ┃ 登録免許税

会社分割や合併を行う場合，役員の選解任をする場合には，それぞれ登記が必要になることから，登録免許税が発生する。

また，不動産の所有権が移転する場合にも，所有権移転登記に伴う登録免許税が発生する。この場合の登録免許税は，固定資産税評価額の1,000分の20である（登免法別表1一(二)ハ）。ただし，平成31年3月31日までに行われる土地に係る所有権移転登記に対する登録免許税は，固定資産税評価額の1,000分の15まで軽減されている（措法72①）。そのほか，合併による所有権の移転については，固定資産税評価額の1,000分の4まで軽減されている（同法別表1一(二)イ）。

上記のほか，中小企業等経営強化法に規定する経営力向上計画の認定（平成32年3月31日までの間にされたものに限る。）を受けた認定事業者が，当該計画に基づき行う次に掲げる登録免許税の税率が，以下のように軽減されている（措法80③）。

①	合併による不動産の所有権移転登記	1,000分の2
②	分割による不動産の所有権移転登記	1,000分の4
③	その他の原因による不動産の所有権移転登記	1,000分の16

5 消費税

　資産の譲渡を行った場合には，法人税，住民税及び事業税だけでなく，消費税の課税対象になる。しかし，土地の譲渡は非課税取引に該当するため，不動産の譲渡を行った法人において課税売上割合が減少し，譲渡法人の仕入税額控除が小さくなる場合がある。さらに，買い手が負担した消費税に対して，十分に仕入税額控除を認識することができない場合も問題になる。

　なお，合併または会社分割による不動産の移転は，課税対象外取引とされている。

> ※　土地の譲渡により，著しく課税売上割合が減少した場合には，「消費税課税売上割合に準ずる割合の適用承認申請書」を提出することにより，譲渡法人の仕入税額控除が小さくならないようにすることも，実務上，検討されている。

6 印紙税

　M&Aに伴い，課税文書を作成した場合には，印紙税の負担が発生する。

第4章

相続税対策を考慮した
M&Aの手法

　一般的に，M&Aの手法としては，株式譲渡方式が採用されることが多いが，相続税対策の観点からは，事業譲渡方式または会社分割方式のほうが望ましいことが少なくない。本章では，その理由について解説するとともに，必要な資産だけを事業承継する場合におけるM&A手法についても解説を行う。

1 一般的なM&A手法

(1) 株式を譲渡する手法と事業を譲渡する手法

　M&Aにはさまざまな手法があるが，大きく分けて，①株式を譲渡する手法と②事業を譲渡する手法の2つに分けられる。

　このうち，①株式を譲渡する手法として，株式譲渡，株式交換及び株式移転が挙げられるが，売り手からすると，買い手の株式ではなく，現金預金を取得したいことが多いことから，株式譲渡による手法が一般的である。また，②事業を譲渡する手法として，事業譲渡，会社分割及び吸収合併が挙げられるが，これも，売り手からすると，買い手の株式ではなく，現金預金を取得したいことが多いことから，事業譲渡及び会社分割が一般的である。したがって，以下では，株式譲渡，事業譲渡及び会社分割について解説を行う。

① 株式譲渡

　株式譲渡とは，被買収会社株式を買収会社に譲渡し，対価として現金預金を取得する手法である。株式譲渡を行った場合には，被買収会社の法人格がその

まま引き継がれることから，被買収会社のすべての権利義務もそのまま引き継がれる。そして，この手法を用いた場合には，被買収会社の株主が譲渡代金を取得することから，被買収会社の株主に株式譲渡損益が生じる。

■株式譲渡

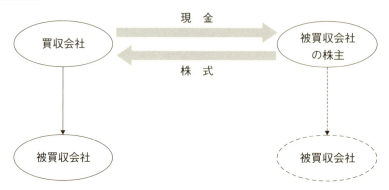

※　株式譲渡については，買収会社が被買収会社株式を取得した後に，被買収会社から買収会社に対して配当を行った場合の論点がある。というのも，受取配当等の益金不算入において，完全子法人株式に該当するためには，配当の計算期間を通じて完全支配関係があることが必要であり（法法23⑤，法令22の2），関連法人株式に該当するためには，発行済株式総数の3分の1を超える数の株式を配当の計算期間の初日から当該計算期間の末日まで引き続き有していることが必要になるからである（法法23⑥，法令22の3）。また，配当に係る源泉所得税に対する所得税額控除の計算でも，配当計算期間の中途において被買収会社株式を取得した場合には，期間按分の問題が生じる（法法68①，法令140の2①②）。このように，買収会社が被買収会社株式を取得した後に，被買収会社から買収会社に対して配当を行った場合には，受取配当金の一部が益金の額に算入されたり，源泉所得税を取り戻すことができなかったりするという問題が生じるため，留意が必要である。

補足　連結納税制度を採用している場合

買収会社が連結納税制度を採用している場合には，買収会社が被買収会社の発行済株式のすべてを取得したことに伴い，被買収会社が連結納税制度に加入するため，被買収会社の保有する資産に対する含み損益に対して課税され（法法61の12①），かつ，被買収会社の保有する繰越欠損金が切り捨てられる（法

法81の9②）。また，被買収会社の株主が内国法人であり，かつ，被買収会社の株主を連結親法人とする連結納税制度を採用している場合には，被買収会社の株主と被買収会社の完全支配関係が消滅することにより，被買収会社は連結納税制度から離脱する（法法4の5②五）。さらに，被買収会社を連結親法人とする連結納税制度を採用していた場合には，買収会社が被買収会社の発行済株式のすべてを取得したことに伴い，連結納税制度は取止めとなる（法法4の5②一）。

このように，連結納税制度を採用している場合には，追加的に検討すべき論点が生じる。なお，平成29年度税制改正により，非適格株式交換等に係る完全子法人等の有する資産の時価評価制度及び連結納税の開始または連結納税グループへの加入に伴う資産の時価評価制度について，時価評価の対象となる資産から帳簿価額が1,000万円未満の資産が除外された（法令122の12①四，123の11①四）。平成29年度税制改正前は，営業権の時価評価課税が問題となっていたが，時価評価を行う前の営業権の帳簿価額が0円であることが多いことから，平成29年度税制改正後は，営業権の時価評価課税の問題は生じない。

さらに，平成29年度税制改正前であっても，適格株式交換により連結子法人になった場合には，その連結子法人の保有する資産については，連結納税の開始または連結納税グループへの加入に伴う資産の時価評価課税の対象から除外されていた（法法61の11①四，61の12①二）。平成29年度税制改正後は，グループ内の株式交換と同様の適格要件を満たすスクイーズアウトにより完全子法人となった法人についても，連結納税の開始または連結納税グループへの加入に伴う資産の時価評価課税の対象から除外されることになった。そのため，買収会社が連結納税制度を導入している場合には，連結納税グループへの加入に伴う時価評価課税を回避できるかを検討する必要がある。

②　事業譲渡

事業譲渡とは，被買収会社の事業を買収会社に譲渡し，対価として現金預金を取得する手法をいう。この手法を用いた場合には，被買収会社（事業譲渡法

人)において,事業譲渡損益が生じる。

　事業譲渡は,株式譲渡と異なり,被買収会社の法人格を引き継ぐことができないため,被買収会社の簿外負債を引き継がなくて済むというメリットがある反面,個々の資産及び負債,契約関係を個別承継することから,事務が煩雑になりやすいというデメリットがある。そのため,実務上,事業譲渡による手法が煩雑である場合には,後述する会社分割による手法を採用することもある。

　このように,事業譲渡による手法は,簿外債務が疑われる場合や零細企業を買収する場合に利用されている手法であるといえる。

■**事業譲渡**

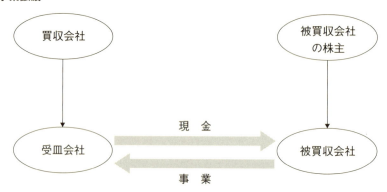

　なお,この手法では,被買収会社の株主ではなく,被買収会社に事業譲渡代金が入金されるため,被買収会社の株主が事業譲渡代金を受け取るためには,被買収会社による剰余金の配当,または清算による清算分配金の交付を受ける必要がある。

③　会社分割

　会社分割とは,株式会社または合同会社がその事業に関して有する権利義務の全部または一部を他の会社(または新設会社)に承継させることをいう(会社法2二十九,三十)。すなわち,事業譲渡と異なり,分割法人の事業を分割承継法人に包括承継させることが可能になり,個別の資産及び負債,契約関係の

移転手続が容易になるというメリットがある。

　また，会社分割を行った場合には，分割承継法人から分割法人に対して，①現金預金を交付する方法，②分割承継法人株式を交付する方法，及び③その他の財産を交付する方法が考えられるが，①または②による買収手法が一般的である。

　すなわち，「①現金預金を交付する方法」により買収する場合には，被買収会社（分割法人）の事業を買収会社（分割承継法人）に移転し，対価として現金預金が交付されるので，事業譲渡による買収手法と大きくは変わらない。法人税法上は，金銭等不交付要件を満たさないため，非適格分割に該当する（法法２十二の十一）。

　これに対し，「②分割承継法人株式を交付する方法」により買収する場合には，被買収会社（分割法人）が会社分割により新会社（分割承継法人）に事業を移転した後に，その新会社の株式を買収会社に譲渡することにより行われる。法人税法上は，分割法人と分割承継法人との間の支配関係の継続が見込まれていないため，非適格分社型分割に該当する（法令４の３⑥⑦）。

■分割承継法人株式を交付する方法

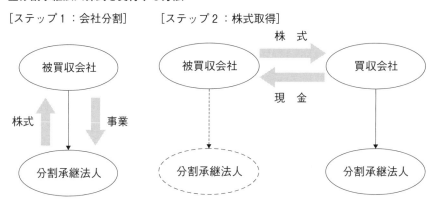

(2) 株式譲渡方式のメリット

ここでは最も単純なM&Aの目的である「すべての資産及び負債を買収会社に譲渡する」場合について解説を行う。この場合，さまざまな買収手法が考えられるが，事業譲渡方式と会社分割方式における法人税法上の取扱いはほとんど変わらない。したがって，以下では，基本的なケースである株式譲渡方式と事業譲渡方式についてのみ解説を行う。なお，事業譲渡方式の場合には，被買収会社の株主ではなく，被買収会社に事業譲渡代金が入金されるため，被買収会社を清算することにより，被買収会社の株主が清算分配金を受け取ることを想定している。

また，議論を単純化させるために以下の前提を置いている。

前提条件

- 法人税，住民税及び事業税の実効税率は30％である（つまり，会社の規模，所在地，外形標準課税の適用の有無，同族会社の留保金課税の適用の有無による実効税率の違いは無視する。）。
- 買収に伴う付随費用は発生していない。
- 節税効果の計算では，時間的価値は考慮しない。
- 被買収会社の資本金等の額と被買収会社の株主が保有する被買収会社株式の取得価額は一致している。

具体例

前提条件

被買収会社の貸借対照表 （単位：百万円）

	税務簿価	時価		税務簿価	時価
資産	11,000	11,000	負債	8,000	8,000
資産調整勘定	0	6,000	純資産 ※	3,000	9,000
合計	11,000	17,000	合計	11,000	17,000

※ 純資産の内訳

	税務簿価	時価
資本金	50	50
資本準備金	50	50
利益剰余金	2,900	8,900
純資産	3,000	9,000

- 被買収会社の株主は個人株主1人である（日本の居住者）。
- 個人株主の給与所得が多額であり，追加的な課税所得に係る課税はすべて最高税率（配当控除後で約50％）が課される。
- 被買収会社の株主が保有する被買収会社株式の取得価額は100百万円である。
- 被買収会社株式の譲渡価額は9,000百万円である。

    ※ 一般に，その他利益剰余金を多額に有する会社を対象としたM&Aを行った場合において，みなし配当が発生するスキームを採用したときは，配当所得のほとんどが最高税率55.945％（所得税率45.945％，住民税率10％）になるにもかかわらず，配当控除が6.4％（所得税率5％，住民税率1.4％）しか取れないことが多い。そのため，以下では配当に係る所得税及び住民税を約50％であるとして計算している。

[法人税，住民税，事業税及び所得税の課税関係]

　まず，被買収会社及び買収会社で発生する法人税，住民税及び事業税，被買収会社の株主で発生する所得税及び住民税の課税関係を検討する。

(ｲ)　売り手側の税負担

	株式譲渡方式	事業譲渡方式
被買収会社	株主が変わるだけなので，課税関係は発生しない。	事業譲渡益が6,000百万円発生する。 →実効税率が30％なので，税負担は以下のとおり。 　6,000百万円×30％ 　＝1,800百万円の課税
被買収会社の株主	[譲渡所得として分離課税] 譲渡所得に対する課税	[配当所得として総合課税] ①残余財産の分配額

	$=$（譲渡価額－譲渡原価）$\times$ 20.315％ $=$（9,000百万円－450百万円）$\times$ 20.315％ $=$1,736百万円	譲渡価額－法人税等 $=$9,000百万円－1,800百万円 $=$7,200百万円 ②配当所得に対する課税 $=$（残余財産－資本金等の額）$\times$ 約50％ $=$（7,200百万円－100百万円）$\times$ 約50％ $=$3,550百万円
合計	税負担 1,736百万円	税負担 5,350百万円

※ 譲渡収入に5％を乗じた金額が実際の取得費を上回っているため，譲渡収入に5％を乗じた金額を譲渡原価とした（9,000百万円×5％＝450百万円。所基通38－16）。

(ロ) 買い手側の税負担

	株式譲渡方式	事業譲渡方式
買収会社	単なる株式の取得なので，課税関係は発生しない。	単なる株式の取得なので，課税関係は発生しない。
事業譲渡法人		資産調整勘定6,000百万円を認識したことにより，将来の課税負担が圧縮される。 →実効税率が30％なので，税負担の軽減は以下のとおり。 6,000百万円×30％ ＝1,800百万円の税負担の軽減
合計	税負担 0百万円	税負担 △1,800百万円

(ハ) 合 計

	株式譲渡方式	事業譲渡方式	有利・不利判定
売り手側	1,736百万円	5,350百万円	株式譲渡方式が有利
買い手側	0百万円	△1,800百万円	事業譲渡方式が有利
合計	1,736百万円	3,550百万円	株式譲渡方式が有利

第4章　相続税対策を考慮したM&Aの手法　81

（総括）

　上記のように，事業譲渡方式では，売り手側で多額の課税が生じるため，株式譲渡方式のほうが有利であるといえる。さらに，事業譲渡方式で生じる不動産取得税，登録免許税及び消費税が，株式譲渡方式では生じない。そのため，多額のその他利益剰余金を有している場合や，買収価額が多額になる場合には，株式譲渡方式が有利であるというのが従来の考え方である。

　　※　このような配当所得課税を逃れ譲渡所得として認識するスキームについては，事業譲渡方式に比べ，株式譲渡方式のほうが簡便，合理的な方法であるといえることから，租税回避には該当しない（東京高決昭和49年6月17日TAINSコードZ075-3344）。

(3)　役員退職慰労金の支給

①　役員退職慰労金を支払った場合の取扱い

　被買収会社が役員退職慰労金を支払った場合には，退職金を受け取った個人で退職所得が発生する。退職所得の計算は以下のとおりである。なお，勤続年数が5年以下である場合は想定していない。

退職所得の金額（所法30）
退職所得の金額＝（退職金の金額－退職所得控除）× $\dfrac{1}{2}$
［退職所得控除］
　●勤続年数が20年以下の場合：勤続年数×40万円
　●勤続年数が20年超の場合：800万円＋（勤続年数－20年）×70万円

　退職所得に係る最高税率は50％を超えるものの，上記のように，退職所得控除を控除した金額に2分の1を乗じた金額が課税所得となるため，給与所得等に比べて実効税率は小さくなる（大雑把には，実効税率が25％程度になると考えても差し支えない。）。

　また，役員退職慰労金を支払った被買収会社では，原則として，支払った役員退職慰労金を損金の額に算入することができることから，他の課税所得と相殺することにより，税負担を圧縮することができる。

② 株式譲渡スキームとの組み合わせ

前述のように，その他利益剰余金が多額にあるオーナー企業を買収する場合には，オーナーの課税関係として，配当所得として取り扱われるよりも，譲渡所得として取り扱われるほうが税負担が小さくなることから，買収手法として株式譲渡方式を採用することが多い。

さらに，単純に株式を購入するのではなく，役員退職慰労金の支払いと組み合わせるという手法が考えられる。例えば，30億円の株式買収の手法を変更し，被買収会社が2億円の役員退職慰労金の支払いを行うことで，株式価値を28億円まで引き下げるという手法である。役員退職慰労金を支払った場合には，オーナーの収入が，役員退職慰労金2億円，株式譲渡収入28億円になるため，税引前の総額では，30億円の株式譲渡収入を受領する場合と変わらない。また，オーナーの所得税及び住民税の計算では，一部の株式譲渡収入が役員退職慰労金に変わるが，譲渡所得と退職所得の税額はそれほど大きくは変わらない。

これに対し，被買収会社では，過大役員退職慰労金に該当しない限り，原則として，損金の額に算入することができるという節税メリットがある。

すなわち，2億円の役員退職慰労金を支払った場合において，被買収会社で損金の額に算入することができるときは，約6千万円の節税効果を期待することができる。

③ 過大役員退職慰労金

法人税法上，役員退職慰労金のうち，不相当に高額なものについては，損金の額に算入することができない（法法34②）。これに対し，所得税法上は，不相当に高額であっても，退職所得として取り扱われるため，過大役員退職慰労金として否認された場合のリスクは，原則として買収会社のみが負うことになり，役員退職慰労金を受け取ったオーナーでは何らリスクは生じない。

また，過大役員退職慰労金として否認を受けないための適正な役員退職慰労金につき，実務上，功績倍率法により計算しているケースが多い。功績倍率法による計算式は以下のとおりである。

第4章　相続税対策を考慮したM&Aの手法　　83

功績倍率法

役員退職慰労金の適正額　＝　最終報酬月額×勤続年数（１年未満切上）×功績倍
率＋功労加算金

　実務上，代表取締役社長に対しては，功績倍率として３倍の数値を使い，功労加算金として最終報酬月額×勤続年数×功績倍率により計算した金額の30%に相当する金額を上限としていることが多い。すなわち，最終報酬月額が2,000千円であり，勤続年数が40年である場合には，役員退職慰労金の金額は312,000千円となる（312,000千円＝2,000千円×40年×３倍×1.3）。なお，実務上は，個別事案によって異なってくるため，慎重に判断されたい。

　また，最終報酬月額の金額は，適正な役員報酬の金額である必要があるため，過大役員報酬として否認を受ける可能性がある場合には，単純に計算すると，過大役員退職慰労金として否認を受ける可能性も生じる。特に，オーナー社長の役員報酬は，他の役員，使用人に比べて多額であることが多いため，デューデリジェンスの際には，過大役員報酬に該当する可能性があるか否か，その場合の過大役員退職慰労金に該当する可能性があるか否かについて慎重に検討する必要がある。

2 ┃ 株式譲渡方式は本当に有利なのか

(1)　売り手側からの観点

①　基本的な問題点

前述のように，株式譲渡方式が有利である理由として，以下が挙げられる。

（ⅰ）被買収会社が保有している資産に含み益があっても，当該含み益が実現しないことから，被買収会社において法人税，住民税及び事業税の負担が発生しない。

(ii) 被買収会社の株主において生じる所得が配当所得ではなく，譲渡所得であることから，所得税及び住民税の税率が低い。

(iii) 役員退職慰労金を支給し，被買収会社で役員退職慰労金を損金の額に算入させることにより，法人税，住民税及び事業税の負担を軽減できる。

しかし，最近，これらの有利性についての疑問が指摘されはじめている。

まず，(i)資産の含み益が実現しないという点に対しては，買い手側において，資産調整勘定を認識することができないという問題が挙げられる。そして，含み益の原因が土地である場合，すなわち，被買収会社が保有している土地の帳簿価額が500百万円であり，時価が3,000百万円である場合にも，将来，被買収会社の土地を5,000百万円で譲渡したときに，土地譲渡益が2,000百万円でなく，4,500百万円になるというデメリットがある。

つまり，土地の含み益を実現させないことにより法人税，住民税及び事業税の負担を繰り延べ，将来の転売によりその含み益が実現した時点で買い手側に負担させているといえる。

このような買い手側のデメリットは，譲渡価額に影響を与える可能性がある。例えば，事業譲渡方式の場合には，資産調整勘定を認識できるのに対し，株式譲渡方式の場合には，資産調整勘定を認識することができないため，売り手側から買い手側に対して事業譲渡方式を提案したうえで，資産調整勘定の償却による節税メリットを譲渡価額に反映させるように交渉することも可能になる。

次に，(ii)被買収会社の株主において譲渡所得として分類できる，(iii)役員退職慰労金により節税をすることができるというメリットについては，そもそも被買収会社の株主において所得を発生させる必要があるのかという問題がある。なぜなら，純資産価額方式よりも類似業種比準方式，折衷方式による評価が低い場合には，相続税評価額の計算上，現金預金よりも，非上場株式のほうが相続税評価額を引き下げやすいからである。

さらに，平成30年度税制改正で使いやすくなった「非上場株式等に係る贈与税及び相続税の納税猶予の特例」の問題もある。というのも，一定の要件を満

第4章　相続税対策を考慮したM&Aの手法　85

たせば，非上場株式には納税猶予を適用することができるのに対し，被相続人が保有していた現金預金には納税猶予を適用することができないからである。つまり，被買収会社の株主ではなく，被買収会社に譲渡代金が入金される手法（事業譲渡，会社分割など）のほうが相続税対策の観点からは有利性が高いということになる。

　被買収会社の株主において所得を発生させる必要がないのであれば，配当所得のほうが有利なのか，譲渡所得のほうが有利なのかという議論は生じない。そうなると，前述の具体例における有利・不利判定は以下のように結論が変わってくる。

具体例

(法人税，住民税，事業税及び所得税の課税関係)

(イ)　売り手側の税負担

	株式譲渡方式	事業譲渡方式
被買収会社	株主が変わるだけなので，課税関係は発生しない。	事業譲渡益が6,000百万円発生する。 →実効税率が30％なので，税負担は以下のとおり。 　6,000百万円×30％ 　＝1,800百万円の課税
被買収会社の株主	[譲渡所得として分離課税] 譲渡所得に対する課税 ＝（譲渡価額－譲渡原価）× 　20.315％ ＝（9,000百万円－450百万円）× 　20.315％ ＝1,736百万円	被買収会社の株主に財産が分配されないため，この時点では，何ら課税関係は生じない。
合計	税負担　　　　　　　1,736百万円	税負担　　　　　　　1,800百万円

　※　事業譲渡方式では，同族会社等の留保金課税（法法67）が課されないものと仮定する。

86

(ロ) 買い手側の税負担

	株式譲渡方式	事業譲渡方式
買収会社	単なる株式の取得なので，課税関係は発生しない。	単なる株式の取得なので，課税関係は発生しない。
事業譲渡法人		資産調整勘定6,000百万円を認識したことにより，将来の課税負担が圧縮される。 →実効税率が30%なので，税負担の軽減は以下のとおり。 　6,000百万円×30% 　＝1,800百万円の税負担の軽減
合計	税負担　　　　　　0百万円	税負担　　　　△1,800百万円

※　役員退職慰労金を利用した株式譲渡方式の場合には，買い手側において，役員退職慰労金から構成される繰越欠損金を利用することができるというメリットがある。しかし，事業譲渡方式であっても，将来において役員退職慰労金を支払うことにより売り手側で節税メリットを享受することができるため，本具体例では，役員退職慰労金に伴う節税メリットを考慮していない。

(ハ)　合　計

	株式譲渡方式	事業譲渡方式	有利・不利判定
売り手側	1,736百万円	1,800百万円	株式譲渡方式が有利
買い手側	0百万円	△1,800百万円	事業譲渡方式が有利
合計	1,736百万円	0百万円	事業譲渡方式が有利

総括

　このように，売り手側ではそれほど有利・不利は変わらないものの，全体からすると事業譲渡方式が有利であるという結論になった。ここでご留意頂きたいのは，株式譲渡方式における譲渡原価が450百万円（実際の取得費は100百万円）であり，事業譲渡方式における譲渡原価が3,000百万円であるという点である。すなわち，利益剰余金に相当する部分の金額だけ，事業譲渡方式における譲渡原価のほうが大きくなっている。そのため，税率だけを考えると法人税率よりも譲渡所得税率のほうが低いものの，税額そのものはほとんど変わらな

くなっている。もちろん，前提条件の数値が異なれば，結論も変わってくるため，売り手にとって，株式譲渡方式が有利な場合もあるだろうし，事業譲渡方式が有利な場合もあるだろう。

しかし，全体からすれば，いずれにしても事業譲渡方式のほうが有利であるという結論になるため，買い手側における資産調整勘定の償却メリットを考慮したうえで譲渡価額を調整すれば，売り手側にとっても事業譲渡方式が有利であるということになる。

ただし，事業譲渡方式を採用した場合における不動産取得税，登録免許税の負担が多額である場合には，株式譲渡方式を採用したほうが有利となるということも考えられるため[1]，実務上は，さまざまな事情を考慮したうえで，総合的な検討が必要になる。

> ※　なお，事業譲渡方式は，非上場株式ではなく，現金預金を相続財産として受け取りたい相続人のニーズに対応することができないという問題がある。そのため，相続開始後に，相続の対象となった非上場株式を相続税の申告期限から3年以内に自己株式として買い取らせることにより対応せざるを得ない。自己株式として買い取らせた場合には，①当該買い取らせた株式に対する相続税を取得費に加算することができ（措法39），かつ，②配当所得ではなく，譲渡所得として取り扱うことができるからである（措法9の7）。ただし，買取価額を相続税評価額にすることに合意できない場合には争族の原因となり得るため，ご留意されたい。

②　零細企業のM&A

このように，相続税対策の観点からは，事業譲渡方式のほうが望ましいといえる。それでは，零細企業のように，相続税対策のために，被買収会社を存続させるというニーズが存在せず，なるべくオーナーが現金預金を取得したいと思っている場合はどうであろうか。

このような場合には，事業譲渡益と役員退職慰労金を相殺するというスキームが考えられる。法人税の観点からは，繰越欠損金の繰戻還付（法法80）の制

1　過去の経験上，固定資産評価額が多額である業種では，株式譲渡方式のほうが有利であったことも少なくない。そのような業種として，不動産賃貸業，ゴルフ場，温泉旅館，ホテルなどが挙げられる。

度があるものの，住民税，事業税の観点からはそのような制度がないため，事業譲渡益と役員退職慰労金は同一事業年度で発生することが望ましい。しかし，代表取締役の多くは，解散の日の翌日以降は清算人となるため，事業譲渡益と役員退職慰労金を相殺することができるかが問題となる。

　この点につき，所得税基本通達30－2(6)において，「法人が解散した場合において引き続き役員又は使用人として清算事務に従事する者に対し，その解散前の勤続期間に係る退職手当等として支払われる給与につき退職所得として取り扱う」ことが明らかにされており，国税庁HP質疑応答事例「解散後引き続き役員として清算事務に従事する者に支給する退職給与」においても，法人税法上も退職給与として取り扱うことが明らかにされている。

　さらに，高知地判昭和34年12月21日TAINSコードＺ029-0844では，解散の日の属する事業年度において役員退職慰労金を損金の額に算入すべきことが明らかにされている。したがって，事業譲渡の日と解散の日が同一事業年度にある場合には，事業譲渡益と役員退職慰労金を相殺することが可能であり，役員退職慰労金のほうが大きい場合には，解散の日の属する事業年度に発生した繰越欠損金を利用して，その直前事業年度の所得に対して繰戻還付を適用することができると考えられる。

　また，前述のように，譲渡所得に比べて配当所得の税率が高いため，株式譲渡方式が有利であるように思われるのかもしれない。この点についても，役員退職慰労金を支給することにより，配当所得を減少させ，退職所得を増加させることにより対応することが可能である。具体的には，以下の事例を参照されたい。

具体例

前提条件

被買収会社の貸借対照表 （単位：百万円）

	税務簿価	時価		税務簿価	時価
資産	800	800	負債	700	700
資産調整勘定	0	200	純資産 ※	100	300
合計	800	1,000	合計	800	1,000

※ 純資産の内訳

	税務簿価	時価
資本金	10	10
利益剰余金	90	290
純資産	100	300

税務上の取扱い

　このような場合には，役員退職慰労金を290百万円支払うことにより，事業譲渡益200百万円と相殺することが可能になる。

　なお，事業譲渡方式では，役員退職慰労金から構成される繰越欠損金とセットで被買収会社株式を譲渡することができないため，繰越欠損金の節税効果を理由として，譲渡代金を増加させることはできなくなるという問題がある。すなわち，役員退職慰労金が損金の額に算入されることを前提とすると，290百万円の役員退職慰労金を支払った後に10百万円で株式を譲渡することにより，被買収会社において290百万円の繰越欠損金が生じるため，事業譲渡方式のほうが不利になってしまう。そのほか，売り手側で，被買収会社を清算するためのコストを負担する必要があるという問題もある。このような問題があるものの，後述するように，零細企業のM&Aでは，買い手側のデューデリジェンスの負担や簿外債務の懸念から，株式譲渡方式にこだわるとM&Aが成立しなくなる可能性も否めない。

そのため，相続税対策をほとんど検討しない場合であっても，事業譲渡方式が現実的である場合が多いと思われる。

③　債務超過会社のM&A

さらに，実務上，被買収会社が債務超過である場合が考えられる。このような場合には，以下の具体例のように，事業譲渡益と期限切れ欠損金を相殺することが可能になる。なぜなら，解散の日の翌日以降の事業年度では，残余財産がないと見込まれる場合に，期限切れ欠損金の損金算入が認められているからである（法法59③）。

具体例

前提条件

被買収会社の貸借対照表　　　　　（単位：百万円）

	税務簿価	時価		税務簿価	時価
資産	800	800	負債	950	950
資産調整勘定	0	200	役員借入金	300	300
			純資産 ※	△450	△250
合計	800	1,000	合計	800	1,000

※ 純資産の内訳

	税務簿価	時価
資本金	10	10
利益剰余金	△460	△260
純資産	△450	△250

税務上の取扱い

期限切れ欠損金は，適用年度の前事業年度の法人税確定申告書に添付する別表五（一）「利益積立金額及び資本金等の額の計算に関する明細書」に記載され

第4章　相続税対策を考慮したM&Aの手法　　91

ている金額を基礎に計算を行うこととされている（法基通12-3-2）。

　ここでは，適用年度の前事業年度の差引翌期首現在利益積立金額の合計額として記載されている金額が△460百万円であることから，繰越欠損金が50百万円である場合には，期限切れ欠損金が410百万円となる。そして，役員借入金のうち，50百万円のみを回収することができることから，事業譲渡益が200百万円発生し，債務免除益が250百万円発生する。

　すなわち，繰越欠損金（50百万円）と期限切れ欠損金（410百万円）の合計金額のほうが大きいことから，事業譲渡益及び債務免除益に対する課税は生じないということになる。

　なお，この具体例において，繰越欠損金が600百万円である場合には，役員借入金のうち250百万円を放棄してもらってから買収することにより，350百万円の繰越欠損金を買い手側で利用することができるように思えるのかもしれない。

　しかし，一般的に，債務超過会社では簿外債務があることが多く，繰越欠損金の節税メリット以上のリスクを買い手側が負うことになりかねない。後述するように，M&Aの契約書に表明保証条項や損害賠償条項を入れたとしても，売り手側に支払能力がない場合には，ほとんどリスクヘッジにならない。したがって，債務超過会社のM&Aでは，事業譲渡方式を採用せざるを得ないことが多いと思われる。

(2)　買い手側からの観点

　前述のように，事業譲渡方式の場合には，買い手側において資産調整勘定の償却メリットがある。さらに，含み益の原因が不動産である場合であっても，その不動産の取得原価が時価まで引き上げられるため，転売時の譲渡益を圧縮することができるというメリットがある。しかし，事業譲渡対象資産に不動産が含まれている場合には，事業譲渡方式は，株式譲渡方式と異なり，その不動産に対する不動産取得税及び登録免許税が発生するという問題が生じる。

一方，法務の観点からは，株式譲渡方式の場合には，被買収会社が保有していた許認可，免許，契約関係をそのまま引き継ぐことができるが，事業譲渡方式の場合には，これらを取り直す必要があるという違いがある。会社分割方式であれば，契約関係を引き継ぐことができる場合もあるが，それでも許認可や免許は取り直しになる場合が多い。

一見すると，株式譲渡方式は，手間がかからない有利な方法であるように思えるが，過去の簿外債務まで引き継がざるを得ないため，デメリットになることも少なくない[2]。そして，許認可や免許の問題は，一部の業種を除き，主務官庁と事前に交渉すれば，事業譲渡方式でも引き継ぐことができることも少なくない（厳密にいえば，事前に交渉をしておいて，事業譲渡の日に届出をしたうえで，同日に許認可，免許を取得するケースが多い。）。

さらに，中小企業を対象としたM&Aでは，デューデリジェンスのコストが見合わない，またはデューデリジェンスをどこまで行っても100％の情報を入手することは不可能であるという問題もある。

とりわけ簿外債務を把握することは難しい。もちろん，未払社会保険料や退職給与引当金が計上されていないという程度であれば把握することは容易である。しかし，粉飾決算に手を染めている場合には，最初の1〜2年は本当の数値を把握することができるが，何年も粉飾をしていると，だんだん本当の数値がわからなくなるという問題がある。

さらに，中小企業では労務管理が不十分であることから，従業員に対する未払残業代の問題があることが少なくない。今までは経営者にお金がなさそうだから訴えなかったが，M&Aに伴い，お金がありそうな経営者に変わったことを契機に今までの未払残業代の支払いを要求してくることも考えられる。そのほかにも，損害賠償責任や連帯保証債務など，発見できたとしても数値化する

2　事業譲渡方式であっても，平成26年改正会社法により導入された詐害事業譲渡（会社法23条の2）に該当する場合には一定のリスクを負うことがある。さらに，極めて稀なケースであるが，商号の継続使用（商法17〜18の2）をした場合にも同様のリスクが生じることがある。

ことが難しい簿外債務も存在する。

　したがって，簿外債務の懸念が大きい場合には，事業譲渡方式を選択することがある。見えるものについてのリスクヘッジは可能であるが，見えないものについてのリスクヘッジは不可能だからである。

　筆者が経験したオーナー企業を対象にしたM&Aでも，事業譲渡方式を採用するとともに，移転を受ける資産をかなり限定した事案が少なくない。売掛債権はどちらで回収しても構わないため，帳簿価額が間違っているリスクや回収が遅れるリスクを避けるために，基本的に引き継がない。それ以外の資産についても，勘定明細を閲覧すれば，引き継がざるを得ないもの，引き継がなくてもよいものはわかるはずである。負債については，原則として引き継がないが，月払いの契約になっているようなものについては，当事者間の調整が必要かもしれない。さらに，従業員に対する労働債務（退職金など）については，可能な限り，事業譲渡の段階で精算してもらう（ただし，初年度の有給休暇については配慮が必要なことがあり得る。）。

　このように，事業譲渡で引き受ける資産及び負債を限定すれば，財務デューデリジェンスのための工数をかなり限定することができる。そして，第2次納税義務が課される場合を除き，事業譲渡により租税債務は引き継がれないため，税務デューデリジェンスも不要である。

　また，買い手にとって合理的な事業譲渡価額を算定する際には，M&Aにおいてどれだけのキャッシュ・フローが生み出されるかの予測が重要となる。なぜなら，設備投資を行う際には，設備投資に要した費用が何年で回収できるのかを考えて投資することが多いことから，これらの経営判断とM&Aに対する経営判断が異なるべきではないからである。そう考えると，事業譲渡で引き受ける資産及び負債を限定すれば，あとは将来どれだけのキャッシュ・フローを生み出すことができるかという経営判断の問題ということになる。

　実務上，株式譲渡方式を採用する場合には，時価純資産価額に営業権として3〜5年分の利益を加算して株式譲渡価額を算定するケースが多い[3]。このように算定された価額で事業譲渡を行った場合に，事業譲渡により支払った金額

が，経営者が期待する回収年数の範囲内で回収することができれば，M&Aを行うべきであるといえる。

　以上のように，事業譲渡方式を採用することにより，デューデリジェンスのコストを軽減するとともに，簿外債務を遮断することができるため，買い手側にとっては，不動産取得税及び登録免許税の負担が多額でない限り，事業譲渡方式のほうが望ましいことが多いと思われる。

　なお，被買収会社に繰越欠損金がある場合や，役員退職慰労金により繰越欠損金が生み出されることが期待できる場合には，繰越欠損金とセットで被買収会社株式を取得することにより，節税メリットを期待することができる。このような場合には，株式譲渡方式を採用し，M&Aの契約書に表明保証条項や損害賠償条項を入れることによりリスクヘッジを行うという選択肢も考えられる。

　この点については，売り手側に十分な支払能力があるかどうかがポイントになることが多い。零細企業を対象としたM&Aの場合には，譲渡代金が小さいことから，譲渡代金のほとんどが，売り手側の借入金の返済や生活費でなくなってしまうことも少なくない。このような場合には，表明保証条項や損害賠償条項を入れたところで実効性がないことから，事業譲渡方式を採用せざるを得ないケースが多いと思われる。

3 ┃ 一般的なM&Aのニーズ

　一般的なM&Aのニーズとして，事業に関連するすべての資産及び負債を譲渡したいというものがある。これは，比較的規模の小さい案件に多く，売り手側が事業の現金化を希望している場合である。これに対し，ある程度の規模の案件になると，すべての資産及び負債を譲渡したいと思いながらも，「M&A

3　山田ビジネスコンサルティング『よくわかる中堅中小企業のM&A活用法』38-39頁（日本経済新聞出版社，平成28年），大山敬義『社長！　あなたの会社，じつは……高く売れるんです!!』Kindle版No.642-645（すばる舎，平成24年）参照。なお，業種によって，2年〜6年と解説するものとして，藤井一郎『トップM&Aアドバイザーが初めて明かす　中小企業M&A 34の真実』Kindle版No.480-505頁（東洋経済新報社，平成25年）参照。

第4章　相続税対策を考慮したM&Aの手法　　95

により得られる資金を相続税対策に利用したい」と考えている場合がある。一般的には，個人が資産を保有しているよりは，法人が資産を保有しているほうが相続税評価額を引き下げやすいため，事業譲渡方式のほうが望ましいといえる。

そのほか，以下のように，一部の資産及び負債を譲渡したいというニーズも存在する。

- 一部の事業を譲渡したい
- 不動産を譲渡したいが，本業は残したい
- 本業を譲渡したいが，不動産は残したい

このようなニーズを達成するためには，平成29年度税制改正前は，①M&Aの対象となる事業を譲渡する方法，②M&A対象外の事業を時価で切り離してから株式を譲渡する方法のいずれかを採用することが多かったが，平成29年度税制改正により，③M&A対象外の事業を簿価で切り離してから株式を譲渡する方法を用いることが容易になった。

さらに，最近のニーズとして，「子供に残すべき事業，資産の選別から始めたい」というものもある。従来型の事業承継対策では，金融機関が主導するものが多かったため，事業承継対策の結果，借入金が増加する手法が採用されることが多く，相続税は減ったが，事業が毀損してしまったという事案も存在する。その観点からすると，子供に残すべき事業，資産を選別し，それ以外は現金化することにより，筋肉質な状態で事業を承継するというのも1つの選択肢であると考えられる。

しかし，どの事業，どの資産を残すべきかは，どの事業が利益を生み出しているのか，どの資産が効率的に運用されているのかという問題である。遊休不動産であれば，処分すべきかどうかを判断することはそれほど難しくないであろう。賃貸不動産であっても，譲渡すべきか，保有し続けるかという判断は難しくないと思われる。これに対し，一部の事業を譲渡すべきかどうか，事業用資産を譲渡すべきかどうかという判断は，管理会計がきちんと行われていたと

しても，通常の管理会計の目的とは異なるため，かなり難しい（もちろん，管理会計がきちんと行われていれば，目的に応じて，その部分だけ修正できるため，管理会計の精度が高いほうが望ましいことはいうまでもない。）。

例えば，A社においてX事業とY事業を営んでいる場合において，Y事業にあまり利益が出ていないという実態があったとする。この場合，Y事業の間接費を配賦する前の利益が100百万円であり，間接費を配賦すると△50百万円になったとする。もし，Y事業を譲渡したとしても，間接費が軽減できない場合には，譲渡後のA社の利益は100百万円減少する。Y事業を譲渡したことにより，間接費を150百万円減少させることができる場合には，譲渡後のA社の利益は50百万円増加する。しかし，間接費の多くは本社経費であることも多く，Y事業を譲渡したとしてもY事業に配賦された間接費を軽減できるとは限らない。

しかし，Y事業を譲渡した後は，X事業だけになるため，経理をアウトソーシングすることにより，経費を減らすことができるのかもしれない。さらに，自己所有の建物の中に本社がある場合には，事業の縮小により本社を移転することが可能となるかもしれない。過去に，本社建物がかなり古く，いずれ建替えが必要であるものの，その所在地の立地が良く，かなりの値段で土地を譲渡できることが明らかであった事案も存在した。

このように，通常の管理会計システムをそのまま利用すると，誤った結論になることもあるため，一部の事業を譲渡する場合には，異なる分析が必要になるという点に留意が必要である。

4 ┃ 必要な資産だけを事業承継する手法

(1) 平成29年度税制改正と手法の選択

前述のように，M&Aの手法は，①株式を譲渡する手法と②事業を譲渡する手法とに大別される。このうち，一部の事業または資産だけを譲渡する場合を前提にすると，①株式を譲渡する手法として，M&A対象外の事業を事業譲渡

または会社分割により切り離してから株式を譲渡する手法が挙げられる。これに対し，②事業を譲渡する手法として，事業譲渡方式または会社分割方式が挙げられる。

そして，前述のように，平成29年度税制改正により，適格組織再編により簿価で切り離す手法と非適格組織再編により時価で切り離す手法の2つを選択できるようになった。これを整理すると，以下のようになる。

■手法の選択

	M&A対象事業	M&A対象外事業
M&A対象外の事業を切り離してから株式を譲渡する手法	簿価のまま	簿価移転または時価移転
M&Aの対象となる事業を譲渡する手法	時価移転	簿価のまま

上図を見てみると，M&Aの対象となる事業とM&A対象外の事業のいずれも時価移転である手法を挙げていない。いずれも時価で移転するためには，被買収会社からM&Aの対象となる事業を買収会社に譲渡するとともに，被買収会社の株主が設立した受皿会社にM&A対象外の事業を譲渡するという手法が考えられる。

■いずれも時価移転にする手法

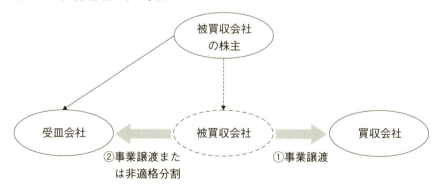

この手法は，M&Aの対象となる事業の譲渡益とM&A対象外の事業の譲渡

損を相殺することを目的に行われることがある。さらに，被買収会社から役員退職慰労金を支払うことでM&Aの対象となる事業の譲渡益と役員退職慰労金を相殺することも可能である。

　なお，同一の者（親族を含む。）が，被買収会社と受皿会社の発行済株式のすべてを直接または間接に保有している場合には，グループ法人税制が適用されるため，事業譲渡のタイミングでは，受皿会社への譲渡損を実現させることができない（法法61の13①）。また，被買収会社の残余財産の確定により完全支配関係が消滅するため，そのタイミングで受皿会社への譲渡損が実現する（法法61の3③）。すなわち，この手法を採用する場合には，解散の日の翌日にM&Aの対象となる事業の譲渡益を実現させるとともに，残余財産の確定の日にM&A対象外の事業の譲渡損を実現させることにより，同一事業年度に両方の譲渡損益を認識する必要がある。

　しかし，この手法では，M&A対象外の事業の譲渡損と役員退職慰労金の合計金額がM&Aの対象となる事業の譲渡益を超える場合には，残った繰越欠損金が切り捨てられてしまうという問題がある。また，M&Aの対象となる事業の譲渡益が大きい場合には，その部分の金額については，法人税，住民税及び事業税が課税されるという問題がある。さらに，いったんすべての事業が現金化されるため，相続税の観点からすると，受皿会社に出資の形で戻さなければならない。

　そのため，M&A対象外の事業がかなり小さくなる場合において，相続税対策をそれほど意識する必要がないときに，この手法が用いられることがある。したがって，相続税を意識したM&Aの手法を解説するという本章の目的からすると例外的な手法であるといえるため，本章では，以下の3つの手法について分析を行うこととする。

（A）M&Aの対象となる事業を譲渡する手法

（B）M&A対象外の事業を簿価で切り離してから株式を譲渡する手法

（C）M&A対象外の事業を時価で切り離してから株式を譲渡する手法

⑵ M&A対象外の事業を簿価で切り離してから株式を譲渡する手法

① 平成29年度税制改正の概要

　法人税法上，税制適格要件には，①完全支配関係における組織再編成，②支配関係における組織再編成，③共同事業を行うための組織再編成，がそれぞれ規定されている。このうち，①完全支配関係，②支配関係の判定は，組織再編成の直前とその後の完全支配関係または支配関係の継続見込みで判断するものがほとんどである。この継続見込みは，完全支配関係継続要件，支配関係継続要件と称されることがある。本書では，これらを合わせて「支配関係継続要件」と表記することとする。

　平成29年度税制改正では，分割型分割を行った場合における支配関係継続要件が見直された。すなわち，同改正前は，支配株主と分割法人及び分割承継法人との間の関係が継続することを要求していたのに対し，同改正後は，支配株主と分割承継法人との間の関係が継続することのみが求められ，支配株主と分割法人との間の関係が継続することまでは要求されなくなった。

　この改正の結果，分割型分割を行った後に，分割法人を解散したり，支配株主が分割法人株式を譲渡したりしたとしても，支配関係継続要件を満たすことができるようになった。

② 適格分割型分割を利用したM&A手法

　前述のように，M&A対象外の事業を事業譲渡または会社分割により切り離してから株式を譲渡する手法として，例えば，被買収会社がA事業とB事業を営んでいる場合において，買収会社がB事業のみを買収したい場合に，A事業を切り離してからB事業だけになった被買収会社の株式を譲渡するという方法が考えられる。

　しかし，M&A対象外の事業に含み益がある場合には，そのM&A対象外の事業を切り離した時点で譲渡益が生じるという問題がある。M&A対象外の事業に保険積立金があり，解約返戻金が明らかに帳簿価額よりも多額になってい

るケースや，節税商品の活用により，資産の含み益が多額であるケースでは，これらの含み益を実現させないように切り離したいというニーズが存在する。

その方法として，適格分割型分割により，M&A対象外の事業を被買収会社のグループ会社に移転させたうえで，M&A対象の事業のみになった被買収会社株式を取得するという手法が一般的に検討されていた。

■適格分割型分割を利用したM&A手法

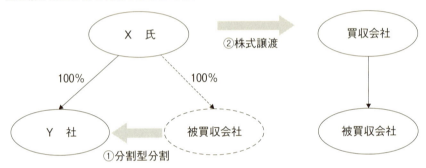

平成29年度税制改正前は，分割法人（被買収会社）と分割承継法人（Y社）が分割前に支配株主（X氏）によって発行済株式のすべてを保有されているものの，分割後に分割法人株式（被買収会社株式）を譲渡することが見込まれていることから，支配関係継続要件を満たすことができなかった。そのため，共同事業を行うための適格分割型分割の要件を満たすかどうかを検討することが多かったが，事業関連性要件などの要件を満たすことができず，結果として，非適格分割型分割に該当することも少なくなかった。

しかし，平成29年度税制改正により，支配株主（X氏）が分割承継法人株式（Y社株式）の発行済株式のすべてを直接または間接に継続して保有することが見込まれていれば，支配関係継続要件を満たすことができるようになり，分割法人株式（被買収会社株式）の継続保有は要求されないことになった。この手法は，新設分割型分割と吸収分割型分割のいずれも同様に取り扱われ，100％グループ内の適格分割型分割と50％超100％未満グループ内の適格分割型分割のいずれも同様に取り扱われる。

第4章 相続税対策を考慮したM&Aの手法　101

　このように，平成29年度税制改正後は，M&A対象外の事業を簿価で切り離してから株式を譲渡する手法を容易に行うことができるようになったといえる。

⑶ M&A対象外の事業を時価で切り離してから株式を譲渡する手法

　M&A対象外の事業を時価で切り離してから株式を譲渡する手法として，事業譲渡または現金交付型分割で受皿会社に移転するのであればわかりやすい。事業譲渡または現金交付型分割の段階では，グループ法人税制が適用されて譲渡損益が繰り延べられるものの（法法61の13），被買収会社株式を譲渡した段階で完全支配関係が消滅するため，被買収会社でM&A対象外の事業に対する譲渡損益が発生する。しかし，この方法では，受皿会社に移転した不動産に対する不動産取得税の非課税要件を満たすことができない。会社分割を行った場合における不動産取得税の非課税要件には，金銭等不交付要件が含まれているからである（地法73の7二，地令37の14）。

　これに対し，分社型分割を行った後に，分割承継法人株式を支配株主に譲渡し，分割法人株式（被買収会社株式）を買収会社に譲渡する手法であれば，金銭等不交付要件に抵触しないことから，他の要件を満たせば，不動産取得税の非課税要件を満たすことができる。

　この点につき，法人税法施行令4条の3第6項2号ロ，ハ⑵，7項2号において，単独分社型分割を行った場合における支配関係継続要件として，分割法人と分割承継法人との間に同一の者による完全支配関係または支配関係が継続することとされていることから，分割法人株式を譲渡することが見込まれている場合には，100％グループ内の適格分社型分割，50％超100％未満グループ内の適格分社型分割にそれぞれ該当しない。さらに，分割承継法人株式を支配株主に譲渡することが見込まれていることから，分割法人が分割承継法人株式を継続して保有することが見込まれておらず，株式継続保有要件を満たすことができない（法令4の3⑧六ロ）。

■分社型分割後の株式譲渡

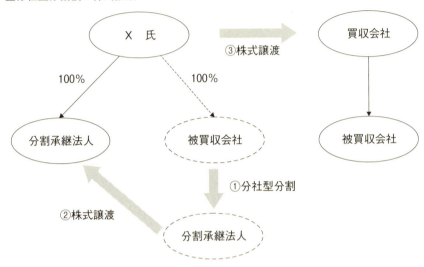

　このように，グループ内の適格分社型分割，共同事業を行うための適格分社型分割のいずれにも該当しないことから，非適格分社型分割として処理することができる。すなわち，この手法を採用した場合には，不動産取得税の非課税要件を満たしながらも，非適格分社型分割として譲渡損益を実現することが可能になる。

　以上のように，平成29年度税制改正後は，（A）M&Aの対象となる事業を譲渡する手法，（B）M&A対象外の事業を簿価で切り離してから株式を譲渡する手法，（C）M&A対象外の事業を時価で切り離してから株式を譲渡する手法の3つを容易に選択することができるようになったといえる。
　ここまでは，法人税法上の取扱いのみについて解説を行ってきた。
　なお，不動産取得税の非課税要件を満たすことができると仮定したとしても，実務上は，移転した不動産に対する登録免許税の負担についても検討する必要がある。
　すなわち，（A）M&Aの対象となる事業を譲渡する手法では，その事業に

含まれている不動産に対する登録免許税が課されるのに対し，（B）M&A対象外の事業を簿価で切り離してから株式を譲渡する手法，（C）M&A対象外の事業を時価で切り離してから株式を譲渡する手法では，M&A対象外の事業に含まれている不動産に対する登録免許税が課されるため，両者の登録免許税額は異なることに留意が必要である。

(4) 手法選択の基本的な考え方

前述のように，不動産取得税の非課税要件を満たすことができると仮定すると，法人税と登録免許税の観点から有利・不利判定を行うべきである。さらに，（B）M&A対象外の事業を簿価で切り離してから株式を譲渡する手法，（C）M&A対象外の事業を時価で切り離してから株式を譲渡する手法を採用する場合には，被買収会社の株主に譲渡所得が発生する。これに対し，（A）M&Aの対象となる事業を譲渡する手法を採用する場合には，被買収会社の株主に譲渡代金が入金されないことから，何ら所得が発生しない。

被買収会社に対する法人税，住民税及び事業税の観点からすると，典型的には，以下のケースが挙げられる。

---

① M&A対象の事業が含み損であり，M&A対象外の事業が含み益である場合

② M&A対象の事業が含み益であり，M&A対象外の事業が含み損である場合

③ いずれの事業も含み益である場合

④ いずれの事業も含み損である場合

⑤ 被買収会社に多額の繰越欠損金がある場合

このうち，①の場合には，（A）M&Aの対象となる事業を譲渡する手法，②の場合には，（C）M&A対象外の事業を時価で切り離してから株式を譲渡する手法，③の場合には，（B）M&A対象外の事業を簿価で切り離してから株式を譲渡する手法がそれぞれ合致しやすい。そして，④の場合には，買収会社

と被買収会社のいずれで譲渡損を利用するのかという観点が重要になる。売り手側で譲渡損を有効利用できるだけの利益を計上できるのであれば，（A）M&Aの対象となる事業を譲渡する手法を採用するであろうし，買い手側で有効利用するのであれば，（C）M&A対象外の事業を時価で切り離してから株式を譲渡する手法を採用するであろう。

　最後に，⑤の場合には，①〜④のいずれかに該当することから，繰越欠損金をどのように有効に利用するのかという観点と，上記①〜④における手法の選択と組み合わせながら判断する必要がある。

　なお，「2　株式譲渡方式は本当に有利なのか」では，相続税対策の観点からは，事業譲渡方式のほうが望ましいと結論づけた。これに対し，必要な資産だけを事業承継する手法では，（B）M&A対象外の事業を簿価で切り離してから株式を譲渡する手法，（C）M&A対象外の事業を時価で切り離してから株式を譲渡する手法のいずれを採用したとしても，被買収会社の株主が分割承継法人株式を取得することから，分割承継法人の純資産価額を調整することにより，被買収会社の株主ではなく，分割承継法人が現金預金を保有する形にすることは可能である。

　すなわち，（B）M&A対象外の事業を簿価で切り離してから株式を譲渡する手法では，分割承継法人に移転する資産を増やし，負債を減らすことにより，分割承継法人株式の時価を引き上げ，分割法人株式の時価を引き下げることが可能になる。この場合には，被買収会社（分割法人）の株主が受け取るべき譲渡代金は減少し，分割承継法人の現金預金が増加または有利子負債が減少することになる。

　これに対し，（C）M&A対象外の事業を時価で切り離してから株式を譲渡する手法では，分割承継法人に移転する資産を増やし，負債を減らすことにより，被買収会社（分割法人）の株主が分割承継法人株式を取得する際に，被買収会社（分割法人）に支払う譲渡代金を引き上げることにより達成することができる。

　なぜなら，被買収会社（分割法人）からすれば，分割承継法人株式の時価に

等しい譲渡代金を受け取ることから，分割承継法人株式の時価をいくらにしても，分割法人株式の時価は変わらない。そのため，例えば分割法人株式の時価が10億円である場合には，分割承継法人株式の時価を10億円とすれば，被買収会社（分割法人）の株主は，分割承継法人株式の譲渡代金として，分割法人株式の譲渡代金に相当する金額を被買収会社（分割法人）に支払うことになり，M&Aを行った後には，被買収会社の株主に現金預金は残らない。

これに対し，分割承継法人株式の時価を1億円とすれば，被買収会社（分割法人）に支払う分割承継法人株式の譲渡代金は1億円となるため，M&Aを行った後には，被買収会社の株主に9億円の現金預金が残ることになる。なお，非適格分社型分割に該当することから，分割承継法人株式の時価に相当する金額が分割承継法人の資本金等の額となるため，分割承継法人株式の時価が増加することにより，住民税均等割も増加するという点に留意が必要である。

このように，必要な資産だけを事業承継する手法では，相続税対策の観点からすれば，（A）M&Aの対象となる事業を譲渡する手法が必ずしも有利であるとは断言できない。その結果，（B）M&A対象外の事業を簿価で切り離してから株式を譲渡する手法，（C）M&A対象外の事業を時価で切り離してから株式を譲渡する手法と比較しながら，最も有利な方法を検討する必要がある。

　　※　上記の点に加え，平成30年度税制改正で使いやすくなった「非上場株式等に係る贈与税・相続税の納税猶予の特例制度」についても検討が必要である。
　　　まず，第2章で解説したように，いずれの手法を採用したとしても，M&Aを行った後の会社が資産保有型会社または資産運用型会社に該当するときは，納税猶予の特例を受けることはできない。
　　　資産保有型会社または資産運用型会社に該当しないのであれば，（A）M&Aの対象となる事業を譲渡する手法を採用した場合には，3年以内に生前贈与を行ったとしても，「非上場株式等に係る贈与税の納税猶予の特例制度」を利用することができる。これに対し，（B）M&A対象外の事業を簿価で切り離してから株式を譲渡する手法，（C）M&A対象外の事業を時価で切り離してから株式を譲渡する手法を採用した場合には，事業承継の対象になる分割承継法人が新会社であることから，相続人による分割承継法人の役員の就任期間が3年未満になってしまうため，本特例制度を利用することができない。そのほか，被相続人が分割承継法人の代表取締役にならない場合にも，当該被相続人は，特例認定贈与承継会社の代表権を有していた個人に該当しないことから，本特例制度の適用対象から除外される。
　　　このように，いずれの手法を採用するにしても，M&A対象外の事業に対して本特例制度を適用することができるかどうかにつき，慎重な検討が必要になる。

⑸ M&A対象の事業が含み益であり，M&A対象外の事業が含み損である場合

① 事業譲渡益と相殺できるだけの損失の利用

M&A対象の事業が含み益である場合に，（A）M&Aの対象となる事業を譲渡する手法を採用すると，被買収会社において事業譲渡益が生じる。その事業譲渡益がわずかであれば構わないが，多額になる場合には，事業譲渡益が課税されないようにすることを検討すべきである。この場合には，被買収会社において，事業譲渡益と相殺することができるだけの損失の認識を検討することが多い。

一般的には，①資産の含み損の実現と簿外債務の確定，②節税商品の利用，③特定資産を買い換えた場合の圧縮記帳の利用が挙げられる。このうち，①②についてはM&Aに特有のものではなく，一般的な節税手法にすぎないことから，本書での解説は省略するが，実務上は，これらを模索してみると，かなりの損失を実現できる場合も少なくない。

これに対し，③特定資産を買い換えた場合の圧縮記帳は，事業譲渡対象資産に不動産が含まれている場合の典型的な節税手法であるといえる。本規定を適用することができる場面について，租税特別措置法65条の7第1項で列挙されているが，本項9号に掲げている譲渡資産が「国内にある土地等，建物又は構築物で，当該法人により取得をされた日から引き続き所有されていたこれらの資産のうち所有期間が10年を超えるもの」であり，買換資産が「国内にある土地等（事務所，事業所その他の政令で定める施設（括弧内省略）の敷地の用に供されるもの（括弧内省略）又は駐車場の用に供されるもの（括弧内省略）で，その面積が300㎡以上のものに限る。），建物若しくは構築物又は国内にある鉄道事業の用に供される車両及び運搬具のうち政令で定めるもの」とされているものについては，かなり利用されている。ただし，かつてに比べ，本規定の適用対象が狭められており，将来の税制改正により，本規定を適用することができなくなる可能性もあるため，ご留意されたい。

② 事業譲渡益を実現させない方法
(i) 基本的な考え方

また，そもそもM&Aの対象となる事業の含み益を実現させない方法を検討することもある。具体的には，（C）M&A対象外の事業を時価で切り離してから株式を譲渡する手法である。M&Aの対象となる事業の含み益を実現させないだけであれば，（B）M&A対象外の事業を簿価で切り離してから株式を譲渡する手法でも構わないが，M&A対象外の事業に含み損があるのであれば，このタイミングで譲渡損を実現させ，その譲渡損から構成される繰越欠損金とセットで被買収会社の株式を譲渡することが考えられる。買い手側で，繰越欠損金の節税効果を活用することができるからである。

この手法を採用する場合には，不動産取得税の非課税要件を満たすために，分社型分割を行った後に株式譲渡を行う手法を採用すべきであろう。

■分社型分割後の株式譲渡

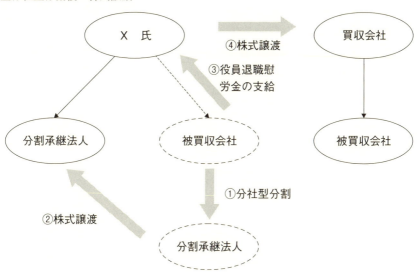

上図のとおり，まず，分社型分割により分割承継法人にM&A対象外の事業を移転する。前述のように，分割法人（被買収会社）と分割承継法人との間の

完全支配関係が継続することが見込まれていないことから，非適格分社型分割
に該当する。そのため，分割法人（被買収会社）で譲渡損を実現することがで
きる。さらに，買収会社に被買収会社株式を譲渡するタイミングで，被買収会
社の役員が退職することが一般的である。被買収会社の役員を買収会社が受け
入れる必要はなく，被買収会社からしても，M&A対象外の事業が分割承継法
人に移転していることから，分割承継法人でその役員らを受け入れる必要があ
るからである。すなわち，役員退職慰労金を支給することにより，被買収会社
で損金を多額に発生させることができる。

このように，この手法を採用した場合には，買い手側でM&A対象外の事業
から生じる譲渡損と役員退職慰労金から構成される繰越欠損金の節税効果を活
用することができる。さらに，第7章で解説するように，買い手側が組織再編
を行う場合において，みなし共同事業要件を満たすことができるときは，買い
手側で容易に節税効果を得ることができる。

なお，この手法を採用するとしても，被買収会社の株主に分割承継法人株式
の買取資金がないことがほとんどである。そのため，被買収会社株式の譲渡代
金により，分割承継法人株式の買取代金を支払わざるを得ないため，法的なス
テップは，①分社型分割⇨②分割承継法人株式の譲渡⇨③役員退職慰労金の支
給⇨④被買収会社株式の譲渡となるが，金銭の異動という観点からは，①分社
型分割⇨②役員退職慰労金の支給⇨③被買収会社株式の譲渡⇨④分割承継法人
株式の譲渡となる。

(6) いずれの事業も含み益である場合

前述のように，M&Aの対象となる事業が含み益である場合に，（A）M&A
の対象となる事業を譲渡する手法を採用すると，被買収会社において事業譲渡
益が生じる。そのため，その事業譲渡益が多額になる場合には，事業譲渡益が
課税されないように，相殺することができるだけの損失を探す必要がある。

しかし，そのような損失が十分に存在しない場合には，（B）M&A対象外
の事業を簿価で切り離してから株式を譲渡する手法を検討する必要がある。な

第4章　相続税対策を考慮したM&Aの手法　109

お，(5)と異なるのは，M&A対象外の事業にも含み益があるため，適格組織再編のほうが有利であるという点である。

　さらに，適格分割型分割を採用したとしても，被買収会社（分割法人）に残る事業がM&Aの対象となる事業のみであるという事実は変わらない。そのため，被買収会社の役員を退任させ，役員退職慰労金を支給することが可能になる。

　このように，M&Aの対象となる事業にも，M&A対象外の事業にも多額の含み益がある場合には，適格分割型分割を行った後に，被買収会社（分割法人）の役員に対して役員退職慰労金を支払った後に，被買収会社株式を譲渡するというのが最も望ましい手法であるといえる。

　この手法のデメリットを挙げるとすれば，(イ)M&Aの対象となる事業に含まれる不動産に対する登録免許税は課されないが，M&A対象外の事業に含まれる不動産に対する登録免許税が課される（不動産取得税の非課税要件を満たせない場合には，不動産取得税の負担を含む。），(ロ)被買収会社の株主において，被買収会社株式の譲渡所得が生じる，(ハ)役員において，役員退職慰労金に対する退職所得が生じるという点である。

　このうち，(ロ)，(ハ)については，分割承継法人に移転する資産及び負債を調整することにより，被買収会社株式（分割法人株式）の時価を引き下げることが可能である。

　具体的には，M&Aの対象となる事業の価値が10億円であり，分割前の被買収会社において，8億円の有利子負債があると仮定する。この有利子負債は，M&A対象の事業に対するものなのか，M&A対象外の事業に対するものなのかは，借り入れた段階では明確であったとしても，適格分割型分割を行う場合には，どちらにも移転させることが可能である。すなわち，分割承継法人にM&A対象外の事業にすべての有利子負債を移転するのであれば，被買収会社株式の譲渡代金は10億円となる。これに対し，被買収会社にすべての有利子負債を残すのであれば，被買収会社の譲渡代金は2億円となる。さらに，被買収会社株式の時価を引き上げたいのであれば，余剰資金を分割承継法人に移転さ

110

せるのではなく，被買収会社に残せばよいということになる。

　このように，被買収会社株式の時価を容易に調整することができる。そのため，M&Aのタイミングで被買収会社の株主に対して，多額の金銭を支払いたいのであれば，被買収会社株式の時価を引き上げればよいし，法人税及び相続税の節税を最優先するのであれば，被買収会社株式の時価を引き下げればよい。

5 ┃ 相続税評価額への影響

　第2章で解説したように，（A）M&Aの対象となる事業を譲渡する手法の場合には，会社規模が縮少することにより，規模区分が大会社から中会社，中会社から小会社に変わることになり，類似業種比準方式の折衷割合が減少することが考えられる。

　さらに，利益金額が増加または減少することが考えられる。なお，利益金額は，長期的には増加するものの，事業譲渡を行った日の属する事業年度では譲渡損が発生することにより，短期的には減少することも考えられる。このような場合には，短期的には相続税評価額が引き下げられることもあるため，割安な相続税または贈与税により生前贈与を行えるタイミングになり得る。

　これに対し，（B）M&A対象外の事業を簿価で切り離してから株式を譲渡する方法，（C）M&A対象外の事業を時価で切り離してから株式を譲渡する方法のいずれを採用したとしても，M&A対象外の事業を受け入れた新会社の株式が開業後3年未満の会社の株式に該当するため，3年間，その新会社の株式に対して類似業種比準方式を適用することができない。そのほか，前述のように，「非上場株式等に係る贈与税及び相続税の納税猶予の特例」についての検討も必要になる。

　さらに，株式の譲渡代金が相続税の課税対象となるという点も問題となりやすい。すなわち，個人株主が譲渡代金を受け取る場合には，現金預金として相続税評価額の計算が行われるが，法人が譲渡代金を受け取る場合には，非上場株式として相続税評価額の計算が行われる。そのため，相続税対策の観点から

は，個人株主が多額の現金預金を保有しないほうが望ましいといえる。ただし，前述のように，（B）M&A対象外の事業を簿価で切り離してから株式を譲渡する方法，（C）M&A対象外の事業を時価で切り離してから株式を譲渡する方法のいずれを採用したとしても，被買収会社の株主に残る現金預金を調整することは可能である。

このように，必要な資産だけを事業承継させるために，それ以外の事業及び資産を譲渡する場合には，売り手側の相続税を含めたうえでM&Aのスキームを検討していく必要がある。

第5章 有利・不利判定

　第4章では，相続税対策の観点から，M&Aのスキームをどのように検討すべきかについて解説を行った。

　本章では，具体的な数値を用いることにより，実務上，どのように有利・不利判定を行うべきかについて解説を行う。

1 不動産を対象としたM&A

(1) 譲渡対象の不動産が含み損であり，譲渡対象外の事業が含み益である場合

　第4章では，譲渡対象の不動産が含み損であり，譲渡対象外の事業が含み益である場合に，（B）M&A対象外の事業を簿価で切り離してから株式を譲渡する手法，（C）M&A対象外の事業を時価で切り離してから株式を譲渡する手法ではなく，（A）M&Aの対象となる事業を譲渡する手法が望ましいものとした。

　ただし，第2章で解説したように，賃貸不動産を譲渡する場合において，事業単位の移転と認められるときは，不動産取得税の非課税要件を満たせることがあるため，単純な資産の譲渡ではなく，会社分割による手法を採用することもあり得る。

　ここでは，具体的な数値を使用して有利・不利判定を行うこととする。また，本章では，第4章と同様に議論を単純化させるために以下の前提を置いている。

114

前提条件

- 法人税，住民税及び事業税の実効税率は30％である（つまり，会社の規模，所在地，外形標準課税の適用の有無，同族会社の留保金課税の適用の有無による実効税率の違いは無視する。）。
- 買収に伴う付随費用は発生していない。
- 節税効果の計算では，時間的価値は考慮しない。
- 被買収会社の資本金等の額と被買収会社の株主が保有する被買収会社株式の取得価額は一致している。

具体例

（前提条件）

被買収会社の貸借対照表　　　　（単位：百万円）

	税務簿価	時価		税務簿価	時価
譲渡対象外	10,000	15,000	譲渡対象外	8,000	8,000
譲渡対象	5,000	2,000	譲渡対象	0	0
			純資産 ※	7,000	9,000
合計	15,000	17,000	合計	15,000	17,000

※ 純資産の内訳

	税務簿価	時価
資本金	50	50
資本準備金	50	50
利益剰余金	6,900	8,900
純資産	7,000	9,000

- 被買収会社の株主は個人株主1人である（日本の居住者）。
- 被買収会社の株主が保有する被買収会社株式の取得価額は100百万円である。

- （A）M&Aの対象となる事業を譲渡する手法を採用した場合には，被買収会社で発生する譲渡損を利用できるだけの十分な収益力があるものとする。
- （B）M&A対象外の事業を簿価で切り離してから株式を譲渡する手法を採用した場合には，分割法人株式の帳簿価額から分割承継法人株式の帳簿価額に対して，30百万円が付け替えられるものとする（つまり，分割法人株式の帳簿価額は70百万円に減額される。）。

法人税，住民税，事業税及び所得税の課税関係

(イ)　被買収会社側の税負担

	（A）M&Aの対象となる事業を譲渡する手法	（B）M&A対象外の事業を簿価で切り離してから株式を譲渡する手法	（C）M&A対象外の事業を時価で切り離してから株式を譲渡する手法
被買収会社	譲渡損が3,000百万円発生する。 →実効税率が30％なので，節税効果は以下のとおり。 　3,000百万円×30％ ＝900百万円の節税効果 ※　単純化のため，譲渡対象外の事業の含み益が実現しないことによる将来の税負担は無視する。	譲渡対象外の事業を切り離しても，適格分割型分割であることから，課税関係は発生しない。	譲渡益が5,000百万円発生する。 →実効税率が30％なので，税負担は以下のとおり。 　5,000百万円×30％ ＝1,500百万円の税負担
被買収会社の株主	被買収会社から株主に対する分配を行わないことから，何ら税負担は生じない。	[譲渡所得として分離課税される] 譲渡所得に対する課税 ＝（譲渡価額－譲渡原価）×20.315％ ＝(2,000百万円－100	[譲渡所得として分離課税される] 譲渡所得に対する課税 ＝（譲渡価額－譲渡原価）×20.315％ ＝(9,000百万円－450

		百万円）×20.315% ＝385百万円	百万円）×20.315% ＝1,736百万円
合計	税負担　△900百万円	税負担　　　385百万円	税負担　　3,236百万円

- ※　譲渡収入に５％を乗じた金額が実際の取得費を上回っているため，譲渡収入に５％を乗じた金額を譲渡原価とした（2,000百万円×５％＝100百万円，9,000百万円×５％＝450百万円，所基通38−16）。
- ※　分社型分割を行った場合には，被買収会社（分割法人）が分割承継法人株式を被買収会社の株主に譲渡することにより，分割承継法人の時価に相当する現金預金を被買収会社（分割法人）が取得するため，被買収会社株式の時価は変わらない。そのため，（C）M&A対象外の事業を時価で切り離してから株式を譲渡する手法を採用した場合には，譲渡対価は9,000百万円となる。

㈣　買収会社側の税負担

	（A）M&Aの対象となる事業を譲渡する手法	（B）M&A対象外の事業を簿価で切り離してから株式を譲渡する手法	（C）M&A対象外の事業を時価で切り離してから株式を譲渡する手法
買収会社	資産及び負債を時価で認識することから，将来の節税効果は生じない。	単純化のため，譲渡の対象となる事業の含み損が実現しないことによる将来の節税効果は無視する。	単純化のため，譲渡の対象となる事業の含み損が実現しないことによる将来の節税効果は無視する。
合計	税負担　　　0百万円	税負担　　　0百万円	税負担　　　0百万円

㈥　合　計

	（A）	（B）	（C）	有利・不利判定
被買収会社側	△900百万円	385百万円	3,236百万円	（A）が有利
買収会社側	0百万円	0百万円	0百万円	有利・不利なし
合計	△900百万円	385百万円	3,236百万円	（A）が有利

①　基本的な考え方

　このように，譲渡対象の不動産が含み損であり，譲渡対象外の事業が含み益

である場合には，（A）M&Aの対象となる事業を譲渡する手法を採用すべきであるといえる。

そして，それぞれの方法を採用したことによる不動産取得税，登録免許税の検討をする必要がある。（A）M&Aの対象となる事業を譲渡する手法を採用した場合は，譲渡対象の不動産の所有権移転登記に対する登録免許税が発生し，（B）M&A対象外の事業を簿価で切り離してから株式を譲渡する手法，（C）M&A対象外の事業を時価で切り離してから株式を譲渡する手法は，譲渡対象外の事業に含まれる不動産の所有権移転登記に対する登録免許税が発生するため，両者の登録免許税額は異なる。

さらに，（A）M&Aの対象となる事業を譲渡する手法を採用した場合には，不動産賃貸業の移転であれば問題ないが，単なる不動産の譲渡である場合も考えられる。このような場合には，会社分割により不動産を移転したとしても，不動産取得税の非課税要件を満たすことはできない。

② 被買収会社に十分な収益力がない場合

さらに，上記の具体例では，被買収会社に十分な収益力があることを前提としたため，（A）M&Aの対象となる事業を譲渡する手法を採用した場合に，被買収会社に節税効果が期待できることとした。

これに対し，被買収会社に収益力がない場合には，買収会社で譲渡対象の不動産の含み損を利用するということも考えられる。この場合には，（B）M&A対象外の事業を簿価で切り離してから株式を譲渡する手法を採用する余地が生じる。この手法を採用すると，被買収会社の株主において譲渡所得が生じてしまうが，分割型分割により分割承継法人に移転する負債を減らし，分割法人（被買収会社）に残る負債を増やすことにより，分割後の分割法人株式（被買収会社株式）の時価を引き下げることができる。その結果，被買収会社の株主において生じる譲渡所得を減らすこともできるため，実務上，どれだけ譲渡所得を減らすことができるかという検討は必要になる。

③ 役員退職慰労金の支給

そのほか，第4章で解説したように，（B）M&A対象外の事業を簿価で切り離してから株式を譲渡する手法，（C）M&A対象外の事業を時価で切り離してから株式を譲渡する手法を採用した場合には，役員退職慰労金を支払うことにより，譲渡所得を圧縮する方法が考えられる。被買収会社の株主からすると，譲渡所得と退職所得の実効税率はそれほど大きく変わらないが，被買収会社で役員退職慰労金を損金の額に算入することができるからである。

④ 相続税対策からの検討

なお，相続税対策の観点からすると，（A）M&Aの対象となる事業を譲渡する手法を採用した場合には，多額の譲渡損が生じるため，類似業種比準価額を引き下げることができる。これに対し，（B）M&A対象外の事業を簿価で切り離してから株式を譲渡する手法，（C）M&A対象外の事業を時価で切り離してから株式を譲渡する手法を採用した場合には，分割承継法人株式が開業後3年未満の会社に該当し，かつ，3年間，当該分割承継法人株式に対して，「非上場株式等に係る贈与税の納税猶予の特例制度」の適用を受けることができないという問題が生じる。

そして，（B）M&A対象外の事業を簿価で切り離してから株式を譲渡する手法を採用した場合には，被買収会社の株主に2,000百万円の譲渡代金が入金される。さらに，（C）M&A対象外の事業を時価で切り離してから株式を譲渡する手法を採用した場合には，被買収会社の株主に9,000百万円の譲渡代金が入金され，分割承継法人株式の買取代金として，7,000百万円が出金される。すなわち，いずれの手法を採用したとしても，被買収会社ではなく，被買収会社の株主に現金預金が残ることになる。

これらの現金預金は相続税の課税対象になるのに対し，被買収会社に譲渡代金が入金される場合には，類似業種比準方式または折衷方式を採用することにより，純資産価額方式よりも低い評価を行うことができる場合が考えられる。そのため，（B）M&A対象外の事業を簿価で切り離してから株式を譲渡する

手法，（C）M&A対象外の事業を時価で切り離してから株式を譲渡する手法を採用する場合には，分割承継法人に移転する負債を減らし，分割法人（被買収会社）に残る負債を増やすことにより，被買収会社の株主に多額の現金預金が残らないようにする必要があると考えられる。

　もちろん，被買収会社の株主からすれば，このタイミングで現金預金を取得しておきたいというニーズもある。そのため，例えば，（B）M&A対象外の事業を簿価で切り離してから株式を譲渡する手法を採用する場合に，分割承継法人に移転する負債を6,500百万円とし，分割法人（被買収会社）に残る負債を1,500百万円とすることにより，分割法人株式（被買収会社株式）の譲渡代金を500百万円とする方法が考えられる。この場合には，被買収会社の株主に500百万円の譲渡代金が入金され，譲渡所得に対する税金を支払っても，約400百万円が残ることになる。

(2) 譲渡対象の不動産が含み益であり，譲渡対象外の事業が含み損である場合

　第4章では，譲渡対象の不動産が含み益であり，譲渡対象外の事業が含み損である場合の手法として，（C）M&A対象外の事業を時価で切り離してから株式を譲渡する手法を紹介した。

　この手法を採用した場合には，譲渡対象外の事業の譲渡損が実現し，当該譲渡損から構成される繰越欠損金とセットで被買収会社株式を譲渡することができるからである。さらに，役員退職慰労金を支給することにより，上記の譲渡損と役員退職慰労金から構成される繰越欠損金とセットで被買収会社株式を譲渡することも可能になる。

　ここでは，具体的な数値を使用して，有利・不利判定を行うこととする。

120

具体例

前提条件

被買収会社の貸借対照表 （単位：百万円）

	税務簿価	時価		税務簿価	時価
譲渡対象外	11,000	10,000	譲渡対象外	8,000	8,000
譲渡対象	2,000	7,000	譲渡対象	0	0
			純資産 ※	5,000	9,000
合計	13,000	17,000	合計	13,000	17,000

※ 純資産の内訳

	税務簿価	時価
資本金	50	50
資本準備金	50	50
利益剰余金	4,900	8,900
純資産	5,000	9,000

- 被買収会社の株主は個人株主1人である（日本の居住者）。
- 被買収会社の株主が保有する被買収会社株式の取得価額は100百万円である。
- （B）M&A対象外の事業を簿価で切り離してから株式を譲渡する手法を採用した場合には，分割法人株式の帳簿価額から分割承継法人株式の帳簿価額に対して，70百万円が付け替えられるものとする（つまり，分割法人株式の帳簿価額は30百万円に減額される。）。
- （C）M&A対象外の事業を時価で切り離してから株式を譲渡する手法を採用した場合には，被買収会社で発生する譲渡損を利用できるだけの十分な収益力があるものとする。なお，被買収会社単体で利用することができない場合には，買収会社側の組織再編により利用することができるものとする。

第5章　有利・不利判定　　121

法人税，住民税，事業税及び所得税の課税関係

(イ)　被買収会社側の税負担

	（A）M&Aの対象となる事業を譲渡する手法	（B）M&A対象外の事業を簿価で切り離してから株式を譲渡する手法	（C）M&A対象外の事業を時価で切り離してから株式を譲渡する手法
被買収会社	譲渡益が5,000百万円発生する。 →実効税率が30％なので，税負担は以下のとおり。 　5,000百万円×30％ 　＝1,500百万円の税負担 ※　単純化のため，譲渡対象外の事業の含み損が実現しないことによる将来の節税効果は無視する。	譲渡対象外の事業を切り離しても，適格分割型分割であることから，課税関係は発生しない。	譲渡損が生じるが，その節税効果は，買収会社側が享受する。
被買収会社の株主	被買収会社から株主に対する分配を行わないことから，同族会社等の留保金課税が適用される場合を除き，追加的な課税は生じない[1]。	[譲渡所得として分離課税される] 譲渡所得に対する課税 ＝（譲渡価額−譲渡原価）×20.315％ ＝（7,000百万円−350百万円）×20.315％ ＝1,350百万円	[譲渡所得として分離課税される] 譲渡所得に対する課税 ＝（譲渡価額−譲渡原価）×20.315％ ＝（9,000百万円−450百万円）×20.315％ ＝1,736百万円
合計	税負担　1,500百万円	税負担　　1,350百万円	税負担　　1,736百万円

※　譲渡収入に5％を乗じた金額が実際の取得費を上回っているため，譲渡収入に5％を乗じた金額を譲渡原価とした（7,000百万円×5％＝350百万円，9,000百万円×5％＝450百万円，所基通38−16）。

122

㈹　買収会社側の税負担

	（A）M&Aの対象となる事業を譲渡する手法	（B）M&A対象外の事業を簿価で切り離してから株式を譲渡する手法	（C）M&A対象外の事業を時価で切り離してから株式を譲渡する手法
買収会社	単純化のため，不動産の取得原価が引き上げられたことによる将来の転売時における節税効果は無視する。	税負担は生じない。	譲渡損が1,000百万円発生し，当該譲渡損から構成される繰越欠損金を利用できる。 →実効税率が30％なので，節税効果は以下のとおり。 　1,000百万円×30% ＝300百万円の節税効果
合計	税負担　　0百万円	税負担　　0百万円	税負担　△300百万円

㈺　合　計

	（A）	（B）	（C）	有利・不利判定
被買収会社側	1,500百万円	1,350百万円	1,736百万円	（B）が有利
買収会社側	0百万円	0百万円	△300百万円	（C）が有利
合計	1,500百万円	1,350百万円	1,436百万円	（B）が有利

　このように，譲渡対象の不動産が含み益であり，譲渡対象外の事業が含み損である場合には，被買収会社の株主で生じる譲渡所得と被買収会社で認識することができる繰越欠損金を比較したうえで有利・不利判定を行う必要があるといえる。すなわち，（C）M&A対象外の事業を時価で切り離してから株式を

1　資本金の額が1億円を超えることにより，同族会社等の留保金課税が適用される場合には，留保金課税の対象から除外できるように，無償減資が行うなどの対策が必要になる。なお，大法人の子会社等については，無償減資を行っても留保金課税の対象になってしまうが，本書はオーナー企業に対するM&Aを前提としているため，そのようなケースは考慮していない。

譲渡する手法が有利である事案として，以下の２つの事案が考えられる。

具体例 ケース１・譲渡対象外の事業の含み損が大きい場合 ───────

(前提条件)

被買収会社の貸借対照表　　　　　　　（単位：百万円）

	税務簿価	時価		税務簿価	時価
譲渡対象外	10,000	4,000	譲渡対象外	2,000	2,000
譲渡対象	2,000	6,000	譲渡対象	6,000	6,000
			純資産 ※	4,000	2,000
合計	12,000	10,000	合計	12,000	10,000

※ 純資産の内訳

	税務簿価	時価
資本金	50	50
資本準備金	50	50
利益剰余金	3,900	1,900
純資産	4,000	2,000

(法人税，住民税，事業税及び所得税の課税関係)

(イ)　被買収会社側の税負担

	（Ａ）M&Aの対象となる事業を譲渡する手法	（Ｂ）M&A対象外の事業を簿価で切り離してから株式を譲渡する手法	（Ｃ）M&A対象外の事業を時価で切り離してから株式を譲渡する手法
被買収会社	譲渡益が4,000百万円発生する。 →実効税率が30%なので，税負担は以下のとおり。 　4,000百万円×30%	譲渡対象外の事業を切り離しても，適格分割型分割であることから，課税関係は発生しない。	譲渡損が生じるが，その節税効果は，買収会社側が享受する。

124

	＝1,200百万円の税負担 ※ 単純化のため，譲渡対象外の事業の含み損が実現しないことによる将来の節税効果は無視する。		
被買収会社の株主	被買収会社から株主に対する分配を行わないことから，同族会社等の留保金課税が適用される場合を除き，追加的な課税は生じない。	株式譲渡収入が０円であることから，譲渡所得も０円となる。	［譲渡所得として分離課税される］ 譲渡所得に対する課税 ＝（譲渡価額－譲渡原価）×20.315％ ＝（2,000百万円－100百万円）×20.315％ ＝385百万円
合計	税負担　1,200百万円	税負担　　　0百万円	税負担　　　385百万円

㈹　買収会社側の税負担

	（A）M&Aの対象となる事業を譲渡する手法	（B）M&A対象外の事業を簿価で切り離してから株式を譲渡する手法	（C）M&A対象外の事業を時価で切り離してから株式を譲渡する手法
買収会社	単純化のため，不動産の取得原価が引き上げられたことによる将来の転売時における節税効果は無視する。	税負担は生じない。	譲渡損が6,000百万円発生し，当該譲渡損から構成される繰越欠損金を利用できる。 →実効税率が30％なので，節税効果は以下のとおり。 　6,000百万円×30％ ＝1,800百万円の節税効果
合計	税負担　　　0百万円	税負担　　　0百万円	税負担　△1,800百万円

㈜ 合 計

	（A）	（B）	（C）	有利・不利判定
被買収会社側	1,200百万円	0百万円	385百万円	（B）が有利
買収会社側	0百万円	0百万円	△1,800百万円	（C）が有利
合計	1,200百万円	0百万円	△1,415百万円	（C）が有利

　このような事案では，（C）M&A対象外の事業を時価で切り離してから株式を譲渡する手法を採用することにより，多額の繰越欠損金を認識することができ，その節税メリットが被買収会社の株主において生じる譲渡所得より大きいため，この手法が有利であるといえる。

　ただし，この手法を採用した場合には，被買収会社の簿外債務に対するリスクを買収会社側が負うことになる。そのため，被買収会社の株主に対して損害賠償を請求できるように株式譲渡契約書を作成することが必要になる。この場合には，被買収会社株式の譲渡代金（税引後1,615百万円）を支払っていることから，被買収会社の株主に支払能力があると考えられるため，その範囲内で被買収会社の株主に対して損害賠償を請求することができる。もちろん，エスクロー口座を利用することにより，譲渡代金を保全しておくという選択肢も考えられる。

　　※　エスクローとは，売り手と買い手の間に第三者である金融機関を介して，条件付で譲渡代金を決済する仕組みをいう。これを利用することにより，一定期間，売り手に支払った譲渡代金を保全することが可能になる。

126

具体例 ケース２：被買収会社株式の時価が低い場合

（前提条件）

被買収会社の貸借対照表　　　　　　　（単位：百万円）

	税務簿価	時価		税務簿価	時価
譲渡対象外	8,000	2,000	譲渡対象外	1,900	1,900
譲渡対象	2,000	6,100	譲渡対象	6,100	6,100
			純資産 ※	2,000	100
合計	10,000	8,100	合計	10,000	8,100

※ 純資産の内訳

	税務簿価	時価
資本金	50	50
資本準備金	50	50
利益剰余金	1,900	0
純資産	2,000	100

（法人税，住民税，事業税及び所得税の課税関係）

(ｲ)　被買収会社側の税負担

	（A）M&Aの対象となる事業を譲渡する手法	（B）M&A対象外の事業を簿価で切り離してから株式を譲渡する手法	（C）M&A対象外の事業を時価で切り離してから株式を譲渡する手法
被買収会社	譲渡益が4,100百万円発生する。 →実効税率が30％なので，税負担は以下のとおり。 　4,100百万円×30％ 　＝1,230百万円の税負担	譲渡対象外の事業を切り離しても，適格分割型分割であることから，課税関係は発生しない。	譲渡損が生じるが，その節税効果は，買収会社側が享受する。

第5章　有利・不利判定　127

	※　単純化のため，譲渡対象外の事業の含み損が実現しないことによる将来の節税効果は無視する。		
被買収会社の株主	被買収会社から株主に対する分配を行わないことから，同族会社等の留保金課税が適用される場合を除き，追加的な課税は生じない。	株式譲渡収入が0円であることから，譲渡所得も0円となる。	[譲渡所得として分離課税される] 譲渡所得に対する課税 =（譲渡価額−譲渡原価）×20.315% =（100百万円−100百万円）×20.315% =0百万円
合計	税負担　1,230百万円	税負担　　　0百万円	税負担　　　0百万円

(ロ)　買収会社側の税負担

	（A）M&Aの対象となる事業を譲渡する手法	（B）M&A対象外の事業を簿価で切り離してから株式を譲渡する手法	（C）M&A対象外の事業を時価で切り離してから株式を譲渡する手法
買収会社	単純化のため，不動産の取得原価が引き上げられたことによる将来の転売時における節税効果は無視する。	税負担は生じない。	譲渡損が6,000百万円発生し，当該譲渡損から構成される繰越欠損金を利用できる。 →実効税率が30%なので，節税効果は以下のとおり。 　6,000百万円×30% =1,800百万円の節税効果
合計	税負担　　　0百万円	税負担　　　0百万円	税負担　△1,800百万円

(ハ) 合　計

	（A）	（B）	（C）	有利・不利判定
被買収会社側	1,230百万円	0百万円	0百万円	（B）（C）が有利
買収会社側	0百万円	0百万円	△1,800百万円	（C）が有利
合計	1,230百万円	0百万円	△1,800百万円	（C）が有利

①　基本的な考え方

このような事案では，（C）M&A対象外の事業を時価で切り離してから株式を譲渡する手法を採用したとしても，被買収会社の株主において譲渡所得はほとんど生じない。このように，被買収会社の株主において生じる譲渡所得が軽微であり，被買収会社において生じる譲渡損が多額である場合には，（C）M&A対象外の事業を時価で切り離してから株式を譲渡する手法が有利であるといえる。

②　代替的な手法

ただし，ここまで極端に含み損益が分かれてしまうと，第4章で解説したように，被買収会社から不動産を買収会社に譲渡するとともに，被買収会社の株主が設立した受皿会社にM&A対象外の事業を譲渡するという方法を採用すべきなのかもしれない。なぜなら，買収会社からすると，（C）M&A対象外の事業を時価で切り離してから株式を譲渡する手法を採用してしまうと，取得した不動産を転売したときに，含み益が実現してしまうことから，被買収会社が負担すべき不動産の含み益に対する法人税，住民税及び事業税を買収会社が負担してしまうからである。

さらに，被買収会社株式の時価がここまで低いと，（C）M&A対象外の事業を時価で切り離してから株式を譲渡する手法を採用した場合において，被買収会社に簿外債務があったときに，被買収会社の株主に対して損害賠償を請求できるように株式譲渡契約書を作成したとしても，被買収会社の株主に支払能

力がないことから，これらの簿外債務のリスクを買収会社が負ってしまうという問題も生じる。

■いずれも時価移転にする方法

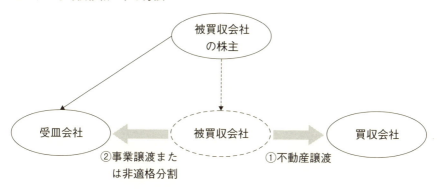

なお，同一の者（親族を含む。）が，被買収会社と受皿会社の発行済株式のすべてを直接または間接に保有している場合には，グループ法人税制が適用されるため，不動産譲渡のタイミングでは，受皿会社への譲渡損を実現させることができない（法法61の13）。そのため，解散の日の翌日に不動産の譲渡益を実現させるとともに，残余財産の確定の日にM&A対象外の事業の譲渡損を実現させることにより，同一事業年度に両方の譲渡損益を認識する必要があると考えられる。

③ 結　論

このような例外的な事案を除き，譲渡対象の不動産が含み益であり，譲渡対象外の事業が含み損である場合には，被買収会社の株主で生じる譲渡所得と被買収会社で認識することができる繰越欠損金を比較したうえで有利・不利判定を行う必要がある。

そのほか，120頁の事案において（B）M&A対象外の事業を簿価で切り離してから株式を譲渡する手法を採用したときに，分割法人に7,000百万円の負債を残したとすると，被買収会社の株主における株式譲渡収入が０円となる

（第6章参照）。このように，分割法人株式の時価を調整することにより，被買収会社の株主において譲渡所得を生じさせないことができるため，（C）M&A対象外の事業を時価で切り離してから株式を譲渡する手法よりも有利になる場合が考えられる。さらに，第4章で解説したように，（B）M&A対象外の事業を簿価で切り離してから株式を譲渡する手法を採用する場合であっても，役員退職慰労金を支給することにより，役員退職慰労金から構成される繰越欠損金とセットで被買収会社株式を譲渡することが可能になる。

このように，譲渡対象の不動産が含み益であり，譲渡対象外の事業が含み損である場合には，原則として，（B）M&A対象外の事業を簿価で切り離してから株式を譲渡する手法，（C）M&A対象外の事業を時価で切り離してから株式を譲渡する手法のいずれかを採用すべきであると考えられる。

④　相続税対策からの検討

ただし，相続税対策の観点からすると，（B）M&A対象外の事業を簿価で切り離してから株式を譲渡する手法，（C）M&A対象外の事業を時価で切り離してから株式を譲渡する手法を採用した場合には，分割承継法人が開業後3年未満の会社に該当し，かつ，3年間，当該分割承継法人株式に対して，「非上場株式等に係る贈与税の納税猶予の特例制度」の適用を受けることができないという問題が生じる。

⑶　いずれの資産も含み益である場合

いずれの資産も含み益である場合には，（A）M&Aの対象となる事業を譲渡する手法を採用すると，譲渡対象の不動産の含み益に対して課税され，（C）M&A対象外の事業を時価で切り離してから株式を譲渡する手法を採用すると，譲渡対象外の事業の含み益に対して課税されるとともに[2]，被買収会社の株主において譲渡所得が生じる。そのため，（B）M&A対象外の事業を簿価で切り

2　もちろん，この場合には，譲渡対象外の事業の含み益と役員退職慰労金を相殺する手法も考えられる。

離してから株式を譲渡する手法が最も有利な手法であることは容易に想像できると思われる。

　そして，（B）M&A対象外の事業を簿価で切り離してから株式を譲渡する手法を採用した場合において，分割承継法人に移転する負債を増やすことにより，被買収会社の株主における譲渡所得を減額することも可能になる（第6章参照）。さらに，被買収会社の役員に対して役員退職慰労金を支給することができるため，当該役員退職慰労金から構成される繰越欠損金とセットで被買収会社株式を譲渡することが可能になる。

　このように，いずれの資産も含み益である場合には，役員退職慰労金を支払ったうえで，（B）M&A対象外の事業を簿価で切り離してから株式を譲渡する手法を採用することが望ましいと考えられる。ただし，所有権移転登記の対象となる不動産が変わるため，不動産取得税額，登録免許税額からの検討も必要になるという点にご留意されたい。

　さらに，この手法は，被買収会社の法人格を買収会社が引き継ぐことから，買収会社からすれば，被買収会社の簿外債務を引き継ぐことになる。そのため，被買収会社に簿外債務がある場合には，分割承継法人に当該簿外債務が引き継がれるようにする必要がある。

　このような場合には，分割承継法人が責任を負うような分割計画書または分割契約書を作成しておく必要があると考えられる。ただし，第三者に対しては，このような同意は効力が生じず，いったん分割法人（被買収会社）が簿外債務を負担したうえで，分割承継法人に請求する場合もあり得る。すなわち，被買収会社の株主や分割承継法人に支払能力がなければ，分割承継法人が簿外債務を負担するという合意は，画に描いた餅となってしまう。

　そのため，実務上，それなりの節税効果が見込まれている場合には，（B）M&A対象外の事業を簿価で切り離してから株式を譲渡する手法を採用し，それ以外の場合には，（A）M&Aの対象となる事業を譲渡する手法を採用することになると思われる。

　なお，相続税対策の観点からすると，（B）M&A対象外の事業を簿価で切

り離してから株式を譲渡する手法を採用した場合には，分割承継法人が開業後
3年未満の会社に該当し，かつ，3年間，当該分割承継法人株式に対して，
「非上場株式等に係る贈与税の納税猶予の特例制度」の適用を受けることがで
きないという問題が生じるという点にご留意されたい。

⑷　いずれの資産も含み損である場合

　いずれの資産も含み損である場合には，（A）M&Aの対象となる事業を譲
渡する手法を採用すると，譲渡対象の不動産の含み損を被買収会社側で利用す
ることができ，（C）M&A対象外の事業を時価で切り離してから株式を譲渡
する手法を採用すると，譲渡対象外の事業の含み損を買収会社側で利用する
ことができる。さらに，後者の手法を採用した場合には，役員退職慰労金を支払
うことで，譲渡対象外の事業の含み損と役員退職慰労金から構成される繰越欠
損金とセットで被買収会社株式を譲渡することができる。

　そのため，被買収会社側に十分な収益力がある場合には，（A）M&Aの対
象となる事業を譲渡する手法を採用し，買収会社側に十分な収益力がある場合
には，（C）M&A対象外の事業を時価で切り離してから株式を譲渡する手法
を採用すべきであると考えられる。ただし，後者の手法を採用した場合には，
被買収会社の株主において譲渡所得が発生するという点に留意が必要である。
さらに，所有権移転登記の対象となる不動産が変わるため，不動産取得税額，
登録免許税額からの検討も必要になるという点にご留意されたい。

　具体的には，以下の事例を参照されたい。

第5章 有利・不利判定 **133**

具体例

前提条件

被買収会社の貸借対照表 （単位：百万円）

	税務簿価	時価		税務簿価	時価
譲渡対象外	13,000	10,000	譲渡対象外	8,000	8,000
譲渡対象	7,000	2,000	譲渡対象	0	0
			純資産 ※	12,000	4,000
合計	20,000	12,000	合計	20,000	12,000

※ 純資産の内訳

	税務簿価	時価
資本金	50	50
資本準備金	50	50
利益剰余金	11,900	3,900
純資産	12,000	4,000

- 被買収会社の株主は個人株主1人である（日本の居住者）。
- 被買収会社の株主が保有する被買収会社株式の取得価額は100百万円である。
- （B）M&A対象外の事業を簿価で切り離してから株式を譲渡する手法を採用した場合には，分割法人株式の帳簿価額から分割承継法人株式の帳簿価額に対して，40百万円が付け替えられるものとする（つまり，分割法人株式の帳簿価額は60百万円に減額される。）。

134

法人税，住民税，事業税及び所得税の課税関係

(イ)　被買収会社側の税負担

	（A）M&Aの対象となる事業を譲渡する手法	（B）M&A対象外の事業を簿価で切り離してから株式を譲渡する手法	（C）M&A対象外の事業を時価で切り離してから株式を譲渡する手法
被買収会社	譲渡損が5,000百万円発生する。 →実効税率が30％なので，節税効果は以下のとおり。 　5,000百万円×30％ ＝1,500百万円の節税効果 ※　単純化のため，譲渡対象外の事業の含み損が実現しないことによる将来の節税効果は無視する。	譲渡対象外の事業を切り離しても，適格分割型分割であることから，課税関係は発生しない。	譲渡損が生じるが，その節税効果は，買収会社側が享受する。
被買収会社の株主	被買収会社から株主に対する分配を行わないことから，何ら税負担は生じない。	［譲渡所得として分離課税される］ 譲渡所得に対する課税 ＝（譲渡価額－譲渡原価）×20.315％ ＝（2,000百万円－100百万円）×20.315％ ＝385百万円	［譲渡所得として分離課税される］ 譲渡所得に対する課税 ＝（譲渡価額－譲渡原価）×20.315％ ＝（4,000百万円－200百万円）×20.315％ ＝771百万円
合計	税負担△1,500百万円	税負担　　　385百万円	税負担　　　771百万円

※　譲渡収入に5％を乗じた金額が実際の取得費を上回っているため，譲渡収入に5％を乗じた金額を譲渡原価とした（2,000百万円×5％＝100百万円，4,000百万円×5％＝200百万円，所基通38－16）。

第5章　有利・不利判定　135

(ロ)　買収会社側の税負担

	（A）M&Aの対象となる事業を譲渡する手法	（B）M&A対象外の事業を簿価で切り離してから株式を譲渡する手法	（C）M&A対象外の事業を時価で切り離してから株式を譲渡する手法
買収会社	資産及び負債を時価で認識することから，将来の節税効果は生じない。	単純化のため，譲渡対象の不動産の含み損が実現しないことによる将来の節税効果は無視する。	譲渡損が3,000百万円発生し，当該譲渡損から構成される繰越欠損金を利用できる。 →実効税率が30％なので，節税効果は以下のとおり。 　3,000百万円×30％ ＝900百万円の節税効果 ※　単純化のため，譲渡対象の不動産の含み損が実現しないことによる将来の節税効果は無視する。
合計	税負担　　　0百万円	税負担　　　0百万円	税負担　　△900百万円

(ハ)　合　計

	（A）	（B）	（C）	有利・不利判定
被買収会社側	△1,500百万円	385百万円	771百万円	（A）が有利
買収会社側	0百万円	0百万円	△900百万円	（C）が有利
合計	△1,500百万円	385百万円	△129百万円	（A）が有利

解説

　このように，譲渡対象の不動産の含み損が5,000百万円であるのに対し，譲渡対象外の事業の含み損が3,000百万円であることから，被買収会社側に十分な収益力がある場合には，（A）M&Aの対象となる事業を譲渡する手法が有

利であるといえる。これに対し，被買収会社側に十分な収益力がなく，買収会社側に十分な収益力がある場合には，（C）M&A対象外の事業を時価で切り離してから株式を譲渡する手法が有利であるといえる。

もちろん，（C）M&A対象外の事業を時価で切り離してから株式を譲渡する手法を採用した場合には，被買収会社の簿外債務に対するリスクを買収会社側が負うことになるが，被買収会社の株主に対して損害賠償を請求できるように株式譲渡契約書を作成すれば，被買収会社株式の譲渡代金（税引後3,229百万円）を支払っていることから，被買収会社の株主に支払能力があると考えられるため，その範囲内で被買収会社の株主に対して損害賠償を請求することができる。もちろん，エスクロー口座を利用することにより，譲渡代金を保全しておくという選択肢も考えられる。

なお，被買収会社側の相続税対策の観点からすると，（C）M&A対象外の事業を時価で切り離してから株式を譲渡する手法を採用した場合には，分割承継法人が開業後3年未満の会社に該当し，かつ，3年間，当該分割承継法人株式に対して，「非上場株式等に係る贈与税の納税猶予の特例制度」の適用を受けることができないという問題が生じるという点にご留意されたい。

(5) 被買収会社に多額の繰越欠損金がある場合

① 譲渡対象の不動産が含み損であり，譲渡対象外の事業が含み益である場合

被買収会社に多額の繰越欠損金がある場合には，上記(1)～(4)で解説した内容に対して，当該繰越欠損金に対する追加的な検討が必要になる。以下ではその内容について検討を行う。

まず，譲渡対象の不動産が含み損である場合には，譲渡対象の不動産を譲渡したところで，被買収会社に法人税，住民税及び事業税の負担は生じない。これに対し，被買収会社に多額の繰越欠損金がある場合には，（B）M&A対象外の事業を簿価で切り離してから株式を譲渡する手法を採用することにより，

被買収会社の繰越欠損金とセットで被買収会社株式を譲渡することが考えられる。さらに，役員退職慰労金を支払えば，役員退職慰労金により繰越欠損金を増加させたうえで，被買収会社株式を譲渡する方法も考えられる。具体的には，以下の事例を参照されたい。

具体例

（前提条件）

被買収会社の貸借対照表 　　　　　（単位：百万円）

	税務簿価	時価		税務簿価	時価
譲渡対象外	4,000	9,000	譲渡対象外	8,000	8,000
譲渡対象	5,000	2,000	譲渡対象	0	0
			純資産 ※	1,000	3,000
合計	9,000	11,000	合計	9,000	11,000

※ 純資産の内訳

	税務簿価	時価
資本金	50	50
資本準備金	50	50
利益剰余金	900	2,900
純資産	1,000	3,000

- 被買収会社の株主は個人株主1人である（日本の居住者）。
- 被買収会社の株主が保有する被買収会社株式の取得価額は100百万円である。
- （A）M&Aの対象となる事業を譲渡する手法を採用したとしても，被買収会社では，譲渡損を利用できるだけの十分な収益力はないものとする。
- （B）M&A対象外の事業を簿価で切り離してから株式を譲渡する手法を採用した場合には，分割法人株式の帳簿価額から分割承継法人株式の帳簿価額に対して，付け替えられる帳簿価額は0百万円である（つまり，分割

法人株式の帳簿価額は100百万円のままである）。

- 被買収会社には，2,000百万円の繰越欠損金が存在する。

法人税，住民税，事業税及び所得税の課税関係

(ｲ)　被買収会社側の税負担

	（A）M&Aの対象となる事業を譲渡する手法	（B）M&A対象外の事業を簿価で切り離してから株式を譲渡する手法	（C）M&A対象外の事業を時価で切り離してから株式を譲渡する手法
被買収会社	被買収会社には，譲渡損や繰越欠損金を利用できるだけの収益力はないことから，節税効果はないものとする。	譲渡対象外の事業を切り離しても，適格分割型分割であることから，課税関係は発生しない。	譲渡益が5,000百万円発生するが，2,000百万円の繰越欠損金と相殺することができる。 →実効税率が30%なので，税負担は以下のとおり。 　3,000百万円×30% 　＝900百万円の税負担 ※　被買収会社が中小法人に該当しない場合には，繰越欠損金を利用しようとする事業年度の課税所得の50%までしか繰越欠損金を使用することができない。
被買収会社の株主	被買収会社から株主に対する分配を行わないことから，何ら税負担は生じない。	[譲渡所得として分離課税される] 譲渡所得に対する課税 ＝（譲渡価額－譲渡原価）×20.315% ＝（2,000百万円－100百万円）×20.315% ＝385百万円	[譲渡所得として分離課税される] 譲渡所得に対する課税 ＝（譲渡価額－譲渡原価）×20.315% ＝（3,000百万円－150百万円）×20.315% ＝578百万円

第5章　有利・不利判定　139

| 合計 | 税負担　　0百万円 | 税負担　　385百万円 | 税負担　　1,478百万円 |

※（C）M&A対象外の事業を時価で切り離してから株式を譲渡する手法を採用した場合には，譲渡収入に5％を乗じた金額が実際の取得費を上回っているため，譲渡収入に5％を乗じた金額を譲渡原価とした（3,000百万円×5％＝150百万円，所基通38－16）。

(ロ)　買収会社側の税負担

	（A）M&Aの対象となる事業を譲渡する手法	（B）M&A対象外の事業を簿価で切り離してから株式を譲渡する手法	（C）M&A対象外の事業を時価で切り離してから株式を譲渡する手法
買収会社	資産及び負債を時価で認識することから，将来の節税効果は生じない。	買収会社において，2,000百万円の繰越欠損金を利用することができる。 →実効税率が30％なので，節税効果は以下のとおり。 　2,000百万円×30％＝600百万円の節税効果	譲渡対象外の事業を時価で切り離した時点で，繰越欠損金の全額が使用されていることから，節税効果は生じない。
合計	税負担　　0百万円	税負担　△600百万円	税負担　　0百万円

(ハ)　合　計

	（A）	（B）	（C）	有利・不利判定
被買収会社側	0百万円	385百万円	1,478百万円	（A）が有利
買収会社側	0百万円	△600百万円	0百万円	（B）が有利
合計	0百万円	△215百万円	1,478百万円	（B）が有利

解説

　このような事案では，（B）M&A対象外の事業を簿価で切り離してから株式を譲渡する手法を採用することにより，繰越欠損金を譲渡の対象にすること

ができ，その節税メリットが被買収会社の株主において生じる譲渡所得より大きいため，この手法が有利であるといえる。

さらに，（A）M&Aの対象となる事業を譲渡する手法と比べると，（B）M&A対象外の事業を簿価で切り離してから株式を譲渡する手法は，所有権移転登記の対象となる不動産が異なるため，両者の不動産取得税額，登録免許税額も比較する必要があるという点にご留意されたい。

ただし，（B）M&A対象外の事業を簿価で切り離してから株式を譲渡する手法を採用した場合には，被買収会社の簿外債務に対するリスクを買収会社側が負うことになる。そのため，被買収会社の株主に対して損害賠償を請求できるように株式譲渡契約書を作成することが必要になる。この場合には，被買収会社株式の譲渡代金（税引後1,615百万円）を支払っていることから，被買収会社の株主に支払能力があると考えられるため，その範囲内で被買収会社の株主に対して損害賠償を請求することができる。もちろん，エスクロー口座を利用することにより，譲渡代金を保全しておくという選択肢も考えられる。

これに対し，被買収会社株式の譲渡価額が低く，かつ，被買収会社の株主に損害賠償に耐えられるだけの資力がない場合には，買収会社が被買収会社の簿外債務に対するリスクを負うわけにはいかず，（A）M&Aの対象となる事業を譲渡する手法を採用せざるを得ない場合が考えられる。具体的には，以下の事例を参照されたい。

第5章 有利・不利判定　141

具体例

（前提条件）

被買収会社の貸借対照表　　（単位：百万円）

	税務簿価	時価		税務簿価	時価
譲渡対象外	4,000	6,000	譲渡対象外	6,000	6,000
譲渡対象	5,000	2,000	譲渡対象	2,000	2,000
			純資産 ※	1,000	0
合計	9,000	8,000	合計	9,000	8,000

※ 純資産の内訳

	税務簿価	時価
資本金	50	50
資本準備金	50	50
利益剰余金	900	△100
純資産	1,000	0

- 被買収会社の株主は個人株主1人である（日本の居住者）。
- 被買収会社の株主が保有する被買収会社株式の取得価額は100百万円である。
- （A）M&Aの対象となる事業を譲渡する手法を採用したとしても，被買収会社では，譲渡損を利用できるだけの十分な収益力はないものとする。
- 被買収会社には，2,000百万円の繰越欠損金が存在する。

142

法人税，住民税，事業税及び所得税の課税関係

(イ) 被買収会社側の税負担

	（A）M&Aの対象となる事業を譲渡する手法	（B）M&A対象外の事業を簿価で切り離してから株式を譲渡する手法	（C）M&A対象外の事業を時価で切り離してから株式を譲渡する手法
被買収会社	被買収会社には，譲渡損や繰越欠損金を利用できるだけの収益力はないことから，節税効果はないものとする。	譲渡対象外の事業を切り離しても，適格分割型分割であることから，課税関係は発生しない。	譲渡益が2,000百万円発生するが，繰越欠損金と相殺することができるため，実質的な税負担はない。 ※ 被買収会社が中小法人に該当しない場合には，繰越欠損金を利用しようとする事業年度の課税所得の50%までしか繰越欠損金を使用することができない。
被買収会社の株主	被買収会社から株主に対する分配を行わないことから，何ら税負担は生じない。	被買収会社株式の時価は0百万円なので，譲渡所得は0百万円になる。	被買収会社株式の時価は0百万円なので，譲渡所得は0百万円になる。
合計	税負担 0百万円	税負担 0百万円	税負担 0百万円

(ロ) 買収会社側の税負担

	（A）M&Aの対象となる事業を譲渡する手法	（B）M&A対象外の事業を簿価で切り離してから株式を譲渡する手法	（C）M&A対象外の事業を時価で切り離してから株式を譲渡する手法
買収会社	資産及び負債を時価で認識することから，将来の節税効果は生じない。	買収会社において，2,000百万円の繰越欠損金を利用することができる。	譲渡対象外の事業を時価で切り離した時点で，繰越欠損金の全額が使用されていることから，

第5章 有利・不利判定　143

		→実効税率が30%なので，節税効果は以下のとおり。 2,000百万円×30% ＝600百万円の節税効果	節税効果は生じない。
合計	税負担　　0百万円	税負担　△600百万円	税負担　　0百万円

(ハ) 合 計

	（A）	（B）	（C）	有利・不利判定
被買収会社側	0百万円	0百万円	0百万円	有利・不利なし
買収会社側	0百万円	△600百万円	0百万円	（B）が有利
合計	0百万円	△600百万円	0百万円	（B）が有利

(解説)

　このような場合には，節税メリットだけを考えれば，（B）M&A対象外の事業を簿価で切り離してから株式を譲渡する手法が望ましいが，被買収会社の株主に損害賠償に対する支払能力がないことから，買収会社側が被買収会社の簿外債務に対するリスクを負ってしまうため，（A）M&Aの対象となる事業を譲渡する手法を採用せざるを得ない場合が多いと思われる。

② 譲渡対象の不動産が含み益であり，譲渡対象外の事業が含み損である場合

　これに対し，譲渡対象の不動産が含み益であり，譲渡対象外の事業が含み損である場合において，（A）M&Aの対象となる事業を譲渡する手法を採用したときは，被買収会社において，不動産の譲渡益と繰越欠損金を相殺することができる。

　そして，（C）M&A対象外の事業を時価で切り離してから株式を譲渡する

手法を採用したときは，被買収会社において譲渡対象外の事業に係る譲渡損を実現させることにより，繰越欠損金を増加させることができるため，当該繰越欠損金とセットで被買収会社株式を譲渡することができる。さらに，役員退職慰労金を支払えば，役員退職慰労金により繰越欠損金を増加させたうえで，被買収会社株式を譲渡する方法も考えられる。具体的には，以下の事例を参照されたい。

具体例

前提条件

被買収会社の貸借対照表　　　　　　　　（単位：百万円）

	税務簿価	時価		税務簿価	時価
譲渡対象外	15,000	9,000	譲渡対象外	8,000	8,000
譲渡対象	5,000	7,000	譲渡対象	0	0
			純資産 ※	12,000	8,000
合計	20,000	16,000	合計	20,000	16,000

※ 純資産の内訳

	税務簿価	時価
資本金	50	50
資本準備金	50	50
利益剰余金	11,900	7,900
純資産	12,000	8,000

- 被買収会社の株主は個人株主1人である（日本の居住者）。
- 被買収会社の株主が保有する被買収会社株式の取得価額は100百万円である。
- （B）M&A対象外の事業を簿価で切り離してから株式を譲渡する手法を採用した場合には，分割法人株式の帳簿価額から分割承継法人株式の帳簿価額に対して，60百万円が付け替えられるものとする（つまり，分割法人

第5章　有利・不利判定　　145

株式の帳簿価額は40百万円に減額される。）。

• 被買収会社には，2,000百万円の繰越欠損金が存在する。

（法人税，住民税，事業税及び所得税の課税関係）

(イ)　被買収会社側の税負担

	（A）M&Aの対象となる事業を譲渡する手法	（B）M&A対象外の事業を簿価で切り離してから株式を譲渡する手法	（C）M&A対象外の事業を時価で切り離してから株式を譲渡する手法
被買収会社	譲渡益が2,000百万円発生するが，繰越欠損金と相殺することができるため，実質的な税負担はない。 ※　被買収会社が中小法人に該当しない場合には，繰越欠損金を利用しようとする事業年度の課税所得の50%までしか繰越欠損金を使用することができない。	譲渡対象外の事業を切り離しても，適格分割型分割であることから，課税関係は発生しない。	譲渡損が生じるが，その節税効果は，買収会社側が享受する。
被買収会社の株主	被買収会社から株主に対する分配を行わないことから，同族会社等の留保金課税が適用される場合を除き，追加的な課税は生じない。	譲渡所得に対する課税 ＝（譲渡価額－譲渡原価）×20.315% ＝（7,000百万円－350百万円）×20.315% ＝1,350百万円	譲渡所得に対する課税 ＝（譲渡価額－譲渡原価）×20.315% ＝（8,000百万円－400百万円）×20.315% ＝1,543百万円
合計	税負担　　　0百万円	税負担　　1,350百万円	税負担　　1,543百万円

※　譲渡収入に5%を乗じた金額が実際の取得費を上回っているため，譲渡収入に5%を乗じた金額を譲渡原価とした（7,000百万円×5%＝350百万円，8,000百万円×5%＝400百万円，所基通38-16）。

146

(ロ) 買収会社側の税負担

	（A）M&Aの対象となる事業を譲渡する手法	（B）M&A対象外の事業を簿価で切り離してから株式を譲渡する手法	（C）M&A対象外の事業を時価で切り離してから株式を譲渡する手法
買収会社	単純化のため，不動産の取得原価が引き上げられたことによる将来の転売時における節税効果は無視する。	買収会社において，2,000百万円の繰越欠損金を利用することができる。 →実効税率が30％なので，節税効果は以下のとおり。 　2,000百万円×30％ ＝600百万円の節税効果	譲渡損が6,000百万円発生し，繰越欠損金が8,000百万円に増加することから，買収会社において，8,000百万円の繰越欠損金を利用することができる。 →実効税率が30％なので，節税効果は以下のとおり。 　8,000百万円×30％ ＝2,400百万円の節税効果
合計	税負担　　0百万円	税負担　△600百万円	税負担　△2,400百万円

(ハ) 合 計

	（A）	（B）	（C）	有利・不利判定
被買収会社側	0百万円	1,350百万円	1,543百万円	（A）が有利
買収会社側	0百万円	△600百万円	△2,400百万円	（C）が有利
合計	0百万円	750百万円	△857百万円	（C）が有利

解説

　このような事案では，（C）M&A対象外の事業を時価で切り離してから株式を譲渡する手法を採用することにより，多額の繰越欠損金を認識することができ，その節税メリットが被買収会社の株主において生じる譲渡所得より大きいため，この手法が有利であるといえる。

　ただし，（B）M&A対象外の事業を簿価で切り離してから株式を譲渡する

手法を採用した場合において，分割法人から分割承継法人に移転する負債を1,000百万円に減額すると，分割法人に7,000百万円の負債が残るため，分割法人株式（被買収会社株式）の時価は０円に減額される。この場合には，上記の有利・不利判定の結果は以下のようになる。

(ハ)　合　計

	（A）	（B）	（C）	有利・不利判定
被買収会社側	０百万円	０百万円	1,543百万円	（A）（B）が有利
買収会社側	０百万円	△600百万円	△2,400百万円	（C）が有利
合計	０百万円	△600百万円	△857百万円	（C）が有利

　この場合には，依然として，（C）M&A対象外の事業を時価で切り離してから株式を譲渡する手法が有利なように思える。ただし，先ほどの有利・不利判定の結果に比べて，（B）M&A対象外の事業を簿価で切り離してから株式を譲渡する手法との有利・不利の違いはかなり小さくなっている。

　さらに，（B）M&A対象外の事業を簿価で切り離してから株式を譲渡する手法を採用した場合には，譲渡対象の不動産の含み損が維持されていることから，将来において，買収会社で当該不動産の含み損を利用することができる（6,000百万円×30％＝1,800百万円）。そう考えると，被買収会社の株主において，多額の譲渡所得が発生する場合には，（C）M&A対象外の事業を時価で切り離してから株式を譲渡する手法を採用すべきではないといえる。

　なお，（B）M&A対象外の事業を簿価で切り離してから株式を譲渡する手法または（C）M&A対象外の事業を時価で切り離してから株式を譲渡する手法を採用した場合には，分割計画書または分割契約書において，将来の簿外債務のリスクを分割承継法人が負担することとすれば，潜在的な債権者に対しては主張できなかったとしても，当事者間では，分割承継法人にそのリスクを負担させることができる（株式譲渡契約書に損害賠償条項を入れることにより，被買収会社の株主に責任を負わせることもできる。）。

　そのほか，（A）M&Aの対象となる事業を譲渡する手法と比べると，（B）

M&A対象外の事業を簿価で切り離してから株式を譲渡する手法及び（C）M&A対象外の事業を時価で切り離してから株式を譲渡する手法は，所有権移転登記の対象となる不動産が異なるため，両者の不動産取得税額，登録免許税額も比較する必要があるという点に留意が必要である。

これに対し，被買収会社の株主や分割承継法人に十分な資力がない場合には，買収会社が被買収会社の簿外債務に対するリスクを負うわけにはいかず，(A) M&Aの対象となる事業を譲渡する手法を採用せざるを得ない場合もあり得るため，留意が必要である。

---

③　いずれの資産も含み益である場合

いずれの資産も含み益である場合には，（A）M&Aの対象となる事業を譲渡する手法を採用すると，譲渡対象の不動産の含み益に対して課税され，(C) M&A対象外の事業を時価で切り離してから株式を譲渡する手法を採用すると，譲渡対象外の事業の含み益に対して課税されるとともに，被買収会社の株主において譲渡所得が生じる。そのため，前述のように，通常のケースでは，(B) M&A対象外の事業を簿価で切り離してから株式を譲渡する手法が最も有利な手法であるといえる。

しかし，繰越欠損金がある場合において，（A）M&Aの対象となる事業を譲渡する手法を採用すると，譲渡対象の不動産の含み益と繰越欠損金とを相殺することができるため，被買収会社において生じる課税所得が小さいのであれば，(A) M&Aの対象となる事業を譲渡する手法を採用することも考えられる。

これに対し，(B) M&A対象外の事業を簿価で切り離してから株式を譲渡する手法を採用した場合には，繰越欠損金とセットで被買収会社株式を買収会社に譲渡することができる。さらに，被買収会社の役員に対して役員退職慰労金を支給することができるため，当該役員退職慰労金から構成される繰越欠損金とセットで被買収会社株式を譲渡することができる。具体的には，以下の事例を参照されたい。

第5章　有利・不利判定　149

具体例

(前提条件)

被買収会社の貸借対照表　　　　　　（単位：百万円）

	税務簿価	時価		税務簿価	時価
譲渡対象外	10,000	11,500	譲渡対象外	3,000	3,000
譲渡対象	5,000	7,000	譲渡対象	5,000	5,000
			純資産 ※	7,000	10,500
合計	15,000	18,500	合計	15,000	18,500

※ 純資産の内訳

	税務簿価	時価
資本金	50	50
資本準備金	50	50
利益剰余金	6,900	10,400
純資産	7,000	10,500

- 被買収会社の株主は個人株主1人である（日本の居住者）。
- 被買収会社の株主が保有する被買収会社株式の取得価額は100百万円である。
- （B）M&A対象外の事業を簿価で切り離してから株式を譲渡する手法を採用した場合には，分割法人株式の帳簿価額から分割承継法人株式の帳簿価額に対して，100百万円が付け替えられるものとする（つまり，分割法人株式の帳簿価額は0百万円に減額される。）。
- 被買収会社には，2,000百万円の繰越欠損金が存在する。

150

法人税，住民税，事業税及び所得税の課税関係

(イ)　被買収会社側の税負担

	（A）M&Aの対象となる事業を譲渡する手法	（B）M&A対象外の事業を簿価で切り離してから株式を譲渡する手法	（C）M&A対象外の事業を時価で切り離してから株式を譲渡する手法
被買収会社	譲渡益が2,000百万円発生するが，繰越欠損金と相殺することができるため，実質的な税負担はない。 ※　被買収会社が中小法人に該当しない場合には，繰越欠損金を利用しようとする事業年度の課税所得の50％までしか繰越欠損金を使用することができない。	譲渡対象外の事業を切り離しても，適格分割型分割であることから，課税関係は発生しない。	譲渡益が1,500百万円発生するが，繰越欠損金と相殺することができるため，実質的な税負担はない。 ※　被買収会社が中小法人に該当しない場合には，繰越欠損金を利用しようとする事業年度の課税所得の50％までしか繰越欠損金を使用することができない。
被買収会社の株主	被買収会社から株主に対する分配を行わないことから，同族会社等の留保金課税が適用される場合を除き，追加的な課税は生じない。	譲渡所得に対する課税 ＝（譲渡価額－譲渡原価）×20.315％ ＝（2,000百万円－100百万円）×20.315％ ＝385百万円	譲渡所得に対する課税 ＝（譲渡価額－譲渡原価）×20.315％ ＝（10,500百万円－525百万円）×20.315％ ＝2,026百万円
合計	税負担　　　0百万円	税負担　　385百万円	税負担　　2,026百万円

※　譲渡収入に５％を乗じた金額が実際の取得費を上回っているため，譲渡収入に５％を乗じた金額を譲渡原価とした（2,000百万円×５％＝100百万円，10,500百万円×５％＝525百万円，所基通38－16）。

第5章　有利・不利判定　　151

(ロ)　買収会社側の税負担

	（A）M&Aの対象となる事業を譲渡する手法	（B）M&A対象外の事業を簿価で切り離してから株式を譲渡する手法	（C）M&A対象外の事業を時価で切り離してから株式を譲渡する手法
買収会社	単純化のため，不動産の取得原価が引き上げられたことによる将来の転売時における節税効果は無視する。	買収会社において，2,000百万円の繰越欠損金を利用することができる。 →実効税率が30%なので，節税効果は以下のとおり。 　2,000百万円×30% ＝600百万円の節税効果	買収会社において，500百万円の繰越欠損金を利用することができる。 →実効税率が30%なので，節税効果は以下のとおり。 　500百万円×30% ＝150百万円の節税効果
合計	税負担　　0百万円	税負担　△600百万円	税負担　△150百万円

(ハ)　合　計

	（A）	（B）	（C）	有利・不利判定
被買収会社側	0百万円	385百万円	2,026百万円	（A）が有利
買収会社側	0百万円	△600百万円	△150百万円	（B）が有利
合計	0百万円	△215百万円	1,876百万円	（B）が有利

解説

　このように，（B）M&A対象外の事業を簿価で切り離してから株式を譲渡する手法を採用した場合には，繰越欠損金とセットで被買収会社株式を譲渡することができるため，他の手法に比べて有利な手法であるといえる。

　さらに，分割法人に7,000百万円の負債を残した場合には，被買収会社の株主における株式譲渡収入を0円とすることにより，被買収会社の株主における譲渡所得を0円にする方法が考えられる（第6章参照）。ただし，（A）M&Aの対象となる事業を譲渡する手法と比べると，（B）M&A対象外の事業を簿

価で切り離してから株式を譲渡する手法は，所有権移転登記の対象となる不動産が異なるため，両者の不動産取得税額，登録免許税額も比較する必要があるという点に留意が必要である。

④　いずれの資産も含み損である場合

いずれの資産も含み損である場合において，被買収会社に繰越欠損金があるときは，（A）M&Aの対象となる事業を譲渡する手法を採用すると，譲渡対象の不動産の含み損と繰越欠損金を被買収会社側で利用することができ，（C）M&A対象外の事業を時価で切り離してから株式を譲渡する手法を採用すると，譲渡対象外の事業の含み損と繰越欠損金を買収会社側で利用することができる。さらに，後者の手法を採用した場合には，役員退職慰労金を支払うことで，譲渡対象外の事業の含み損，役員退職慰労金から構成される繰越欠損金とセットで被買収会社株式を譲渡することができる。

そのため，被買収会社側に十分な収益力がある場合には，（A）M&Aの対象となる事業を譲渡する手法を採用し，買収会社側に十分な収益力がある場合には，（C）M&A対象外の事業を時価で切り離してから株式を譲渡する手法を採用すべきであると考えられる。ただし，被買収会社に繰越欠損金がある場合には，被買収会社に十分な収益力があることは少ないため，（C）M&A対象外の事業を時価で切り離してから株式を譲渡する手法を採用すべきである場合が多いと思われる。

ただし，（C）M&A対象外の事業を時価で切り離してから株式を譲渡する手法を採用した場合には，被買収会社の法人格を買収会社が引き継ぐことから，買収会社からすれば，被買収会社の簿外債務を引き継ぐことになる。そして，被買収会社に繰越欠損金があり，かつ，いずれの資産も含み損であるときは，被買収会社の株主及び分割承継法人に十分な資力がないことが多く，当該簿外債務を実質的に買収会社が負担せざるを得ない場合が考えられる。そのため，（C）M&A対象外の事業を時価で切り離してから株式を譲渡する手法が有利

第5章 有利・不利判定　153

である場合であっても，（A）M&Aの対象となる事業を譲渡する手法を採用せざるを得ないことが多いと思われる。

2 事業を対象としたM&A

(1) M&A対象の事業が含み損であり，M&A対象外の事業が含み益である場合

M&A対象の事業が含み損である場合の有利・不利判定の内容は「1　不動産を対象としたM&A」の内容と基本的には変わらない。

ただし，M&Aの対象となる事業に含まれる不動産に4,500百万円の含み損があり，のれんに1,500百万円の含み益がある場合には，（A）M&Aの対象となる事業を譲渡する手法を採用することにより，買収会社側で資産調整勘定の償却メリットを享受することができる。実務上は，この点についての追加的な分析が必要になる。

(2) M&A対象の事業が含み益であり，M&A対象外の事業が含み損である場合

M&A対象の事業が含み益である場合の有利・不利判定の内容は「1　不動産を対象としたM&A」の内容と基本的には変わらない。

ただし，買収会社側でのれんの償却メリットを享受することができるため，有利・不利判定の結果は以下のように変わってくる。

154

具体例

前提条件

被買収会社の貸借対照表　　　　　　（単位：百万円）

	税務簿価	時価		税務簿価	時価
M&A対象外	13,000	10,000	M&A対象外	8,000	8,000
M&A対象	2,000	7,000	M&A対象	0	0
			純資産 ※	7,000	9,000
合計	15,000	17,000	合計	15,000	17,000

※　M&A対象の含み益の原因はのれんであり，（A）M&Aの対象となる事業を譲渡する手法を採用した場合には，買収会社において，5,000百万円の資産調整勘定を認識することができる。

※ 純資産の内訳

	税務簿価	時価
資本金	50	50
資本準備金	50	50
利益剰余金	6,900	8,900
純資産	7,000	9,000

- 被買収会社の株主は個人株主1人である（日本の居住者）。
- 被買収会社の株主が保有する被買収会社株式の取得価額は100百万円である。
- （B）M&A対象外の事業を簿価で切り離してから株式を譲渡する手法を採用した場合には，分割法人株式の帳簿価額から分割承継法人株式の帳簿価額に対して，70百万円が付け替えられるものとする（つまり，分割法人株式の帳簿価額は30百万円に減額される。）。
- （C）M&A対象外の事業を時価で切り離してから株式を譲渡する手法を採用した場合には，被買収会社で発生する譲渡損を利用できるだけの十分な収益力があるものとする。なお，被買収会社単体で利用することができない場合には，買収会社側の組織再編により利用することができるものとする。

第5章　有利・不利判定　　155

法人税，住民税，事業税及び所得税の課税関係

(イ)　被買収会社側の税負担

	（A）M&Aの対象となる事業を譲渡する手法	（B）M&A対象外の事業を簿価で切り離してから株式を譲渡する手法	（C）M&A対象外の事業を時価で切り離してから株式を譲渡する手法
被買収会社	譲渡益が5,000百万円発生する。 →実効税率が30％なので，税負担は以下のとおり。 　5,000百万円×30％ 　＝1,500百万円の税負担 ※　単純化のため，M&A対象外の事業の含み損が実現しないことによる将来の節税効果は無視する。	M&A対象外の事業を切り離しても，適格分割型分割であることから，課税関係は発生しない。	譲渡損が生じるが，その節税効果は，買収会社側が享受する。
被買収会社の株主	被買収会社から株主に対する分配を行わないことから，同族会社等の留保金課税が適用される場合を除き，追加的な課税は生じない。	[譲渡所得として分離課税される] 譲渡所得に対する課税 ＝（譲渡価額－譲渡原価）×20.315％ ＝（7,000百万円－350百万円）×20.315％ ＝1,350百万円	[譲渡所得として分離課税される] 譲渡所得に対する課税 ＝（譲渡価額－譲渡原価）×20.315％ ＝（9,000百万円－450百万円）×20.315％ ＝1,736百万円
合計	税負担　1,500百万円	税負担　　　1,350百万円	税負担　　　1,736百万円

※　譲渡収入に5％を乗じた金額が実際の取得費を上回っているため，譲渡収入に5％を乗じた金額を譲渡原価とした（7,000百万円×5％＝350百万円，9,000百万円×5％＝450百万円，所基通38－16）。

(ロ) 買収会社側の税負担

	（A）M&Aの対象となる事業を譲渡する手法	（B）M&A対象外の事業を簿価で切り離してから株式を譲渡する手法	（C）M&A対象外の事業を時価で切り離してから株式を譲渡する手法
買収会社	資産調整勘定5,000百万円を認識したことにより，将来の課税負担が圧縮される。 →実効税率が30％なので，節税効果は以下のとおり。 　5,000百万円×30％ ＝1,500百万円の節税効果	税負担は生じない。	譲渡損が3,000百万円発生し，当該譲渡損から構成される繰越欠損金を利用できる。 →実効税率が30％なので，節税効果は以下のとおり。 　3,000百万円×30％ ＝900百万円の節税効果
合計	税負担△1,500百万円	税負担　　0百万円	税負担　△900百万円

(ハ) 合　計

	（A）	（B）	（C）	有利・不利判定
被買収会社側	1,500百万円	1,350百万円	1,736百万円	（B）が有利
買収会社側	△1,500百万円	0百万円	△900百万円	（A）が有利
合計	0百万円	1,350百万円	836百万円	（A）が有利

　このように，買収会社側で資産調整勘定を認識できるため，全体からすると，（A）M&Aの対象となる事業を譲渡する手法が有利であるといえる。

　もし，（B）M&A対象外の事業を簿価で切り離してから株式を譲渡する手法が有利であるというためには，分割法人に7,000百万円の負債を残すことにより，被買収会社の株主における株式譲渡収入を0円とする方法が考えられる（第6章参照）。このような場合には，被買収会社側の税負担も買収会社側の税負担も0円となる（ただし，実務上，被買収会社株式の時価を0円まで引き下げるだけの負債を移転することができるかどうかという問題は別途生じる。）。

第5章 有利・不利判定 157

すなわち，（A）M&Aの対象となる事業を譲渡する手法は，いったん税金を被買収会社で支払って，買収会社側で回収する手法であるということになる。

さらに，（A）M&Aの対象となる事業を譲渡する手法と（B）M&A対象外の事業を簿価で切り離してから株式を譲渡する手法では，所有権移転登記の対象となる不動産が異なるため，不動産取得税額，登録免許税額についても検討が必要になる。

これに対し，「1　不動産を対象としたM&A」で解説したように，被買収会社において生じる譲渡損が多額である場合や，被買収会社の株主において生じる譲渡所得が軽微である場合には，（C）M&A対象外の事業を時価で切り離してから株式を譲渡する手法が有利であるといえる。具体的には，以下の事例を参照されたい。

具体例 ケース1・M&A対象外の事業の含み損が大きい場合

前提条件

被買収会社の貸借対照表 （単位：百万円）

	税務簿価	時価		税務簿価	時価
M&A対象外	10,000	4,000	M&A対象外	2,000	2,000
M&A対象	2,000	6,000	M&A対象	6,000	6,000
			純資産 ※	4,000	2,000
合計	12,000	10,000	合計	12,000	10,000

※ 純資産の内訳

	税務簿価	時価
資本金	50	50
資本準備金	50	50
利益剰余金	3,900	1,900
純資産	4,000	2,000

158

法人税，住民税，事業税及び所得税の課税関係

(イ)　被買収会社側の税負担

	（A）M&Aの対象となる事業を譲渡する手法	（B）M&A対象外の事業を簿価で切り離してから株式を譲渡する手法	（C）M&A対象外の事業を時価で切り離してから株式を譲渡する手法
被買収会社	譲渡益が4,000百万円発生する。 →実効税率が30％なので，税負担は以下のとおり。 　4,000百万円×30％ 　＝1,200百万円の税負担 ※　単純化のため，M&A対象外の事業の含み損が実現しないことによる将来の節税効果は無視する。	M&A対象外の事業を切り離しても，適格分割型分割であることから，課税関係は発生しない。	譲渡損が生じるが，その節税効果は，買収会社側が享受する。
被買収会社の株主	被買収会社から株主に対する分配を行わないことから，同族会社等の留保金課税が適用される場合を除き，追加的な課税は生じない。	株式譲渡収入が0円であることから，譲渡所得も0円となる。	[譲渡所得として分離課税される] 譲渡所得に対する課税 ＝（譲渡価額－譲渡原価）×20.315％ ＝（2,000百万円－100百万円）×20.315％ ＝385百万円
合計	税負担　1,200百万円	税負担　　　0百万円	税負担　　　385百万円

第5章　有利・不利判定　159

(ロ)　買収会社側の税負担

	(A) M&Aの対象となる事業を譲渡する手法	(B) M&A対象外の事業を簿価で切り離してから株式を譲渡する手法	(C) M&A対象外の事業を時価で切り離してから株式を譲渡する手法
買収会社	資産調整勘定4,000百万円を認識したことにより，将来の課税負担が圧縮される。 →実効税率が30％なので，節税効果は以下のとおり。 　4,000百万円×30％ 　＝1,200百万円の節税効果	税負担は生じない。	譲渡損が6,000百万円発生し，当該譲渡損から構成される繰越欠損金を利用できる。 →実効税率が30％なので，節税効果は以下のとおり。 　6,000百万円×30％ 　＝1,800百万円の節税効果
合計	税負担△1,200百万円	税負担　　0百万円	税負担　△1,800百万円

(ハ)　合　計

	(A)	(B)	(C)	有利・不利判定
被買収会社側	1,200百万円	0百万円	385百万円	(B) が有利
買収会社側	△1,200百万円	0百万円	△1,800百万円	(C) が有利
合計	0百万円	0百万円	△1,415百万円	(C) が有利

　このような事案では，(C) M&A対象外の事業を時価で切り離してから株式を譲渡する手法を採用することにより，多額の繰越欠損金を認識することができ，その節税メリットが被買収会社の株主において生じる譲渡所得より大きいため，この手法が有利であるといえる。

　ただし，「1　不動産を対象としたM&A」で解説したように，この手法を採用した場合には，被買収会社の簿外債務に対するリスクを買収会社側が負うことになる。そのため，被買収会社の株主に対して損害賠償を請求できるように株式譲渡契約書を作成することにより，そのリスクヘッジを行うべきであろ

160

う。この場合には，被買収会社株式の譲渡代金（税引後1,615百万円）を支払っ
ていることから，被買収会社の株主に支払能力があると考えられるため，その
範囲内で被買収会社の株主に対して損害賠償を請求することができる。もちろ
ん，エスクロー口座を利用することにより，譲渡代金を保全しておくという選
択肢も考えられる。

具体例 **ケース２：被買収会社株式の時価が低い場合** ─────────

（前提条件）

被買収会社の貸借対照表　　　　（単位：百万円）

	税務簿価	時価		税務簿価	時価
M&A対象外	8,000	2,000	M&A対象外	1,900	1,900
M&A対象	2,000	6,100	M&A対象	6,100	6,100
			純資産 ※	2,000	100
合計	10,000	8,100	合計	10,000	8,100

※ 純資産の内訳

	税務簿価	時価
資本金	50	50
資本準備金	50	50
利益剰余金	1,900	0
純資産	2,000	100

（法人税，住民税，事業税及び所得税の課税関係）

（イ）　被買収会社側の税負担

	（A）M&Aの対象となる事業を譲渡する手法	（B）M&A対象外の事業を簿価で切り離してから株式を譲渡する手法	（C）M&A対象外の事業を時価で切り離してから株式を譲渡する手法
被買収会社	譲渡益が4,100百万円発生する。	M&A対象外の事業を切り離しても，適格分	譲渡損が生じるが，その節税効果は，買収会

第5章　有利・不利判定　161

	→実効税率が30％なので，税負担は以下のとおり。 　4,100百万円×30％＝1,230百万円の税負担 ※　単純化のため，M&A対象外の事業の含み損が実現しないことによる将来の節税効果は無視する。	割型分割であることから，課税関係は発生しない。	社側が享受する。
被買収会社の株主	被買収会社から株主に対する分配を行わないことから，同族会社等の留保金課税が適用される場合を除き，追加的な課税は生じない。	株式譲渡収入が0円であることから，譲渡所得も0円となる。	[譲渡所得として分離課税される] 譲渡所得に対する課税 ＝（譲渡価額－譲渡原価）×20.315％ ＝（100百万円－100百万円）×20.315％ ＝0百万円
合計	税負担　1,230百万円	税負担　　　0百万円	税負担　　　0百万円

(ロ)　買収会社側の税負担

	（A）M&Aの対象となる事業を譲渡する手法	（B）M&A対象外の事業を簿価で切り離してから株式を譲渡する手法	（C）M&A対象外の事業を時価で切り離してから株式を譲渡する手法
買収会社	資産調整勘定4,100百万円を認識したことにより，将来の課税負担が圧縮される。 →実効税率が30％なので，節税効果は以下のとおり。	税負担は生じない。	譲渡損が6,000百万円発生し，当該譲渡損から構成される繰越欠損金を利用できる。 →実効税率が30％なので，節税効果は以下のとおり。

	4,100百万円×30% =1,230百万円の節税効果			6,000百万円×30% =1,800百万円の節税効果
合計	税負担△1,230百万円	税負担 0百万円		税負担 △1,800百万円

(ハ) 合 計

	（A）	（B）	（C）	有利・不利判定
被買収会社側	1,230百万円	0百万円	0百万円	（B）（C）が有利
買収会社側	△1,230百万円	0百万円	△1,800百万円	（C）が有利
合計	0百万円	0百万円	△1,800百万円	（C）が有利

　このように，被買収会社の株主において生じる譲渡所得が軽微であり，被買収会社において生じる譲渡損が多額である場合には，（C）M&A対象外の事業を時価で切り離してから株式を譲渡する手法が有利であるといえる。

　ただし，「1　不動産を対象としたM&A」で解説したように，被買収会社からM&Aの対象となる事業を買収会社に譲渡するとともに，被買収会社の株主が設立した受皿会社にM&A対象外の事業を譲渡するという方法についても検討が必要である。この場合には，（A）M&Aの対象となる事業を譲渡する手法を採用したとしても，M&Aの対象となる事業から生じる譲渡益よりも，M&A対象外の事業から生じる譲渡損のほうが大きいため，上記の有利・不利判定は以下のようになる。

	（A）	（B）	（C）	有利・不利判定
被買収会社側	0百万円	0百万円	0百万円	有利・不利なし
買収会社側	△1,230百万円	0百万円	△1,800百万円	（C）が有利
合計	△1,230百万円	0百万円	△1,800百万円	（C）が有利

　さらに，「1　不動産を対象としたM&A」と異なり，（A）M&Aの対象となる事業を譲渡する手法を採用した場合には，資産調整勘定の償却メリットが

あるため，わざわざ被買収会社の簿外債務に対するリスクを負うよりは，繰越欠損金の節税メリットを諦めるという選択肢も考えられる。この点については，それぞれの事案に応じて柔軟に対応することが必要になろう。

このように，「1　不動産を対象としたM&A」で解説した内容に比べ，（A）M&Aの対象となる事業を譲渡する手法を採用した場合において生じる資産調整勘定の償却メリットを考慮する必要がある。

⑶　いずれの事業も含み益である場合

いずれの事業も含み益である場合の有利・不利判定の内容は「1　不動産を対象としたM&A」の内容と基本的には変わらない。

ただし，含み益の原因がのれんである場合には，（A）M&Aの対象となる事業を譲渡する手法を採用することにより，買収会社側で資産調整勘定の償却メリットを享受することができる。そのため，買収会社側からしても，わざわざ簿外債務のリスクを負ってまで（B）M&A対象外の事業を簿価で切り離してから株式を譲渡する手法を採用する必要がないと考える可能性もある。

そのため，被買収会社からすれば（B）M&A対象外の事業を簿価で切り離してから株式を譲渡する手法が望ましく，買収会社からすれば（A）M&Aの対象となる事業を譲渡する手法が望ましいということになるため，資産調整勘定の償却メリットを加味して譲渡価額を引き上げることができるかどうかを検討すべきであると考えられる。

⑷　いずれの事業も含み損である場合

いずれの事業も含み損である場合の有利・不利判定の内容は「1　不動産を対象としたM&A」の内容と基本的には変わらない。

ただし，M&Aの対象となる事業に含まれる不動産に4,500百万円の含み損があり，のれんに1,500百万円の含み益がある場合には，（A）M&Aの対象となる事業を譲渡する手法を採用することにより，買収会社側で資産調整勘定の償却メリットを享受することができる。実務上は，この点についての追加的な分

164

析が必要になる。

⑸　被買収会社に多額の繰越欠損金がある場合

①　M&A対象の事業が含み損であり，M&A対象外の事業が含み益である場合

M&A対象の事業が含み損である場合の有利・不利判定の内容は「1　不動産を対象としたM&A」の内容と基本的には変わらない。

ただし，M&Aの対象となる事業に含まれる不動産に4,500百万円の含み損があり，のれんに1,500百万円の含み益がある場合には，（A）M&Aの対象となる事業を譲渡する手法を採用することにより，買収会社側で資産調整勘定の償却メリットを享受することができる。

そのため，（A）M&Aの対象となる事業を譲渡する手法を採用した場合には，資産調整勘定の償却メリットが1,500百万円となり，（B）M&A対象外の事業を簿価で切り離してから株式を譲渡する手法，（C）M&A対象外の事業を時価で切り離してから株式を譲渡する手法を採用した場合には，繰越欠損金の節税メリットが2,000百万円となると，確かに後者のほうが有利であるが，被買収会社の簿外債務に対するリスクを考えると，（A）M&Aの対象となる事業を譲渡する手法を採用することが多いと思われる。

なお，資産調整勘定と繰越欠損金を比較する場合には，繰越欠損金の使用期限を確認しておく必要がある。なぜなら，使用期限が到来してしまうと，繰越欠損金が失効してしまい，節税メリットを享受することができないからである。

②　M&A対象の事業が含み益であり，M&A対象外の事業が含み損である場合

M&A対象の事業が含み益である場合の有利・不利判定の内容は「1　不動産を対象としたM&A」の内容と基本的には変わらない。

ただし，買収会社側でのれんの償却メリットを享受することができるため，有利・不利判定の結果は以下のように変わってくる。

第5章　有利・不利判定　165

具体例

(前提条件)

被買収会社の貸借対照表　　　　（単位：百万円）

	税務簿価	時価		税務簿価	時価
M&A対象外	15,000	9,000	M&A対象外	8,000	8,000
M&A対象	5,000	7,000	M&A対象	0	0
			純資産 ※	12,000	8,000
合計	20,000	16,000	合計	20,000	16,000

　　※　M&A対象の含み益の原因はのれんであり，（A）M&Aの対象となる事業を譲渡する手法を採用した場合には，買収会社において，2,000百万円の資産調整勘定を認識することができる。

※ 純資産の内訳

	税務簿価	時価
資本金	50	50
資本準備金	50	50
利益剰余金	11,900	7,900
純資産	12,000	8,000

- 被買収会社の株主は個人株主1人である（日本の居住者）。
- 被買収会社の株主が保有する被買収会社株式の取得価額は100百万円である。
- （B）M&A対象外の事業を簿価で切り離してから株式を譲渡する手法を採用した場合には，分割法人株式の帳簿価額から分割承継法人株式の帳簿価額に対して，60百万円が付け替えられるものとする（つまり，分割法人株式の帳簿価額は40百万円に減額される。）。
- 被買収会社には，2,000百万円の繰越欠損金が存在する。

166

〔法人税，住民税，事業税及び所得税の課税関係〕

(イ) 被買収会社側の税負担

	（A）M&Aの対象となる事業を譲渡する手法	（B）M&A対象外の事業を簿価で切り離してから株式を譲渡する手法	（C）M&A対象外の事業を時価で切り離してから株式を譲渡する手法
被買収会社	譲渡益が2,000百万円発生するが，繰越欠損金と相殺することができるため，実質的な税負担はない。 ※　被買収会社が中小法人に該当しない場合には，繰越欠損金を利用しようとする事業年度の課税所得の50%までしか繰越欠損金を使用することができない。	M&A対象外の事業を切り離しても，適格分割型分割であることから，課税関係は発生しない。	譲渡損が生じるが，その節税効果は，買収会社側が享受する。
被買収会社の株主	被買収会社から株主に対する分配を行わないことから，同族会社等の留保金課税が適用される場合を除き，追加的な課税は生じない。	譲渡所得に対する課税 ＝（譲渡価額－譲渡原価）×20.315% ＝（7,000百万円－350百万円）×20.315% ＝1,350百万円	譲渡所得に対する課税 ＝（譲渡価額－譲渡原価）×20.315% ＝（8,000百万円－400百万円）×20.315% ＝1,543百万円
合計	税負担　　　0百万円	税負担　　1,350百万円	税負担　　1,543百万円

※　譲渡収入に5％を乗じた金額が実際の取得費を上回っているため，譲渡収入に5％を乗じた金額を譲渡原価とした（7,000百万円×5％＝350百万円，8,000百万円×5％＝400百万円，所基通38−16）。

第5章　有利・不利判定　　167

(ロ)　買収会社側の税負担

	（A）M&Aの対象となる事業を譲渡する手法	（B）M&A対象外の事業を簿価で切り離してから株式を譲渡する手法	（C）M&A対象外の事業を時価で切り離してから株式を譲渡する手法
買収会社	資産調整勘定2,000百万円を認識したことにより，将来の課税負担が圧縮される。 →実効税率が30％なので，節税効果は以下のとおり。 　2,000百万円×30％＝600百万円の節税効果	買収会社において，2,000百万円の繰越欠損金を利用することができる。 →実効税率が30％なので，節税効果は以下のとおり。 　2,000百万円×30％＝600百万円の節税効果	譲渡損が6,000百万円発生し，繰越欠損金が8,000百万円に増加することから，買収会社において，8,000百万円の繰越欠損金を利用することができる。 →実効税率が30％なので，節税効果は以下のとおり。 　8,000百万円×30％＝2,400百万円の節税効果
合計	税負担　△600百万円	税負担　　△600百万円	税負担　△2,400百万円

(ハ)　合　計

	（A）	（B）	（C）	有利・不利判定
被買収会社側	0百万円	1,350百万円	1,543百万円	（A）が有利
買収会社側	△600百万円	△600百万円	△2,400百万円	（C）が有利
合計	△600百万円	750百万円	△857百万円	（C）が有利

(ⅰ)　**基本的な考え方**

　（A）M&Aの対象となる事業を譲渡する手法を採用した場合には，資産調整勘定の償却メリットが2,000百万円となり，（B）M&A対象外の事業を簿価で切り離してから株式を譲渡する手法，（C）M&A対象外の事業を時価で切り離してから株式を譲渡する手法を採用した場合には，繰越欠損金の節税メ

リットが2,000百万円となる。上記では，（C）M&A対象外の事業を時価で切り離してから株式を譲渡する手法が最も有利な手法になっているが，この程度の差であれば，被買収会社の簿外債務に対するリスクを考えると，（A）M&Aの対象となる事業を譲渡する手法を採用することが多いと思われる。

これに対し，被買収会社の繰越欠損金が10,000百万円である場合には，上記の有利・不利判定は以下のようになる。

	（A）	（B）	（C）	有利・不利判定
被買収会社側	0百万円	1,350百万円	1,543百万円	（A）が有利
買収会社側	△600百万円	△3,000百万円	△4,800百万円	（C）が有利
合計	△600百万円	△1,650百万円	△3,257百万円	（C）が有利

なお，資産調整勘定と繰越欠損金を比較する場合には，繰越欠損金の使用期限を確認しておく必要がある。なぜなら，使用期限が到来してしまうと，繰越欠損金が失効してしまい，節税メリットを享受することができないからである。

(ii)　被買収会社が債務超過である場合

これに対し，被買収会社が債務超過である場合（残余財産がない場合）には，（A）M&Aの対象となる事業を譲渡する手法が有利になる場合が多い。なぜなら，解散の日の翌日以降に，被買収会社からM&Aの対象となる事業を買収会社に譲渡するとともに，被買収会社の株主が設立した受皿会社にM&A対象外の事業を譲渡するという方法を採用すれば，被買収会社の期限切れ欠損金とM&Aの対象となる事業の譲渡益及び債務免除益を相殺することができるからである（法法59③）。

この場合には，被買収会社の利益積立金額のマイナスに相当する金額が繰越欠損金と期限切れ欠損金の合計額になることから（法基通12－3－2），被買収会社が時価ベースで債務超過の場合には，被買収会社で課税所得は生じない。具体的には，以下の事例を参照されたい。

■期限切れ欠損金と相殺する方法

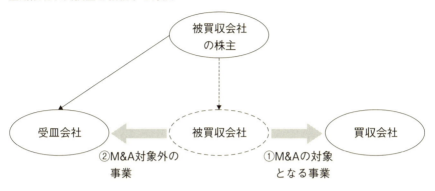

具体例

前提条件

被買収会社の貸借対照表　　　　（単位：百万円）

	税務簿価	時価		税務簿価	時価
M&A対象外	15,000	9,000	M&A対象外	8,000	8,000
M&A対象	5,000	17,000	M&A対象	0	0
			役員借入金	19,000	19,000
			純資産 ※	△7,000	△1,000
合計	20,000	26,000	合計	20,000	26,000

※　M&A対象の含み益の原因はのれんであり，（A）M&Aの対象となる事業を譲渡する手法を採用した場合には，買収会社において，12,000百万円の資産調整勘定を認識することができる。

※ 純資産の内訳

	税務簿価	時価
資本金	50	50
資本準備金	50	50
利益剰余金	△7,100	1,100
純資産	△7,000	△1,000

- 被買収会社の株主は個人株主1人である（日本の居住者）。
- 被買収会社の株主が保有する被買収会社株式の取得価額は100百万円である。
- （B）M&A対象外の事業を簿価で切り離してから株式を譲渡する手法を採用した場合には，役員借入金のうち2,000百万円を分割承継法人に移転し，17,000百万円を分割法人に残したうえで，M&A後に，買収会社から借入れを行うことにより，分割法人に残った役員借入金（17,000百万円）を返済させるため，分割後の分割法人株式の時価は0円になる。
- （C）M&A対象外の事業を時価で切り離してから株式を譲渡する手法を採用する場合には，時価ベースの債務超過（1,000百万円）に相当する役員借入金を放棄することにより，譲渡損と相殺する。
- 被買収会社には，2,000百万円の繰越欠損金が存在する。

法人税，住民税，事業税及び所得税の課税関係

(イ) 被買収会社側の税負担

	（A）M&Aの対象となる事業を譲渡する手法	（B）M&A対象外の事業を簿価で切り離してから株式を譲渡する手法	（C）M&A対象外の事業を時価で切り離してから株式を譲渡する手法
被買収会社	解散の日の翌日以降に事業譲渡を行えば，事業譲渡益と期限切れ欠損金を相殺することができるため，課税所得は生じない。	M&A対象外の事業を切り離しても，適格分割型分割であることから，課税関係は発生しない。	譲渡損が生じるが，その節税効果は，買収会社側が享受する。
被買収会社の株主	残余財産がないことから，課税関係は生じない。	株式譲渡収入が0円であることから，譲渡所得も0円となる。	株式譲渡収入が0円であることから，譲渡所得も0円となる。
合計	税負担　　0百万円	税負担　　　　0百万円	税負担　　0百万円

(ロ) 買収会社側の税負担

	（A）M&Aの対象となる事業を譲渡する手法	（B）M&A対象外の事業を簿価で切り離してから株式を譲渡する手法	（C）M&A対象外の事業を時価で切り離してから株式を譲渡する手法
買収会社	資産調整勘定12,000百万円を認識したことにより，将来の課税負担が圧縮される。 →実効税率が30％なので，節税効果は以下のとおり。 　12,000百万円×30％＝3,600百万円の節税効果	買収会社において，2,000百万円の繰越欠損金を利用することができる。 →実効税率が30％なので，節税効果は以下のとおり。 　2,000百万円×30％＝600百万円の節税効果	譲渡損が6,000百万円発生し，債務免除益が1,000百万円発生することから，繰越欠損金が7,000百万円に増加する。そのため，買収会社において，7,000百万円の繰越欠損金を利用することができる。 →実効税率が30％なので，節税効果は以下のとおり。 　7,000百万円×30％＝2,100百万円の節税効果
合計	税負担△3,600百万円	税負担　△600百万円	税負担　△2,100百万円

(ハ) 合　計

	（A）	（B）	（C）	有利・不利判定
被買収会社側	0百万円	0百万円	0百万円	有利・不利なし
買収会社側	△3,600百万円	△600百万円	△2,100百万円	（A）が有利
合計	△3,600百万円	△600百万円	△2,100百万円	（A）が有利

　このように，被買収会社の債務超過額が被買収会社の繰越欠損金よりも大きい場合には，被買収会社の期限切れ欠損金とM&Aの対象となる事業の譲渡益とを相殺することができることから，（A）M&Aの対象となる事業を譲渡する手法が有利になる。ただし，（B）M&A対象外の事業を簿価で切り離して

から株式を譲渡する手法及び（C）M&A対象外の事業を時価で切り離してから株式を譲渡する手法と比べると，（A）M&Aの対象となる事業を譲渡する手法は，所有権移転登記の対象となる不動産が異なるため，両者の不動産取得税額，登録免許税額も比較する必要があるという点に留意が必要である。

③　いずれの事業も含み益である場合

M&A対象の事業が含み益である場合の有利・不利判定の内容は「1　不動産を対象としたM&A」の内容と基本的には変わらない。

ただし，（A）M&Aの対象となる事業を譲渡する手法を採用した場合に，買収会社側で資産調整勘定の償却メリットを享受することができるという点が異なる。具体的には，以下の事例を参照されたい。

具体例

前提条件

被買収会社の貸借対照表　　　　（単位：百万円）

	税務簿価	時価		税務簿価	時価
M&A対象外	10,000	11,500	M&A対象外	3,000	3,000
M&A対象	5,000	7,000	M&A対象	5,000	5,000
			純資産 ※	7,000	10,500
合計	15,000	18,500	合計	15,000	18,500

> ※　M&A対象の含み益の原因はのれんであり，（A）M&Aの対象となる事業を譲渡する手法を採用した場合には，買収会社において，2,000百万円の資産調整勘定を認識することができる。

※ 純資産の内訳

	税務簿価	時価
資本金	50	50
資本準備金	50	50
利益剰余金	6,900	10,400
純資産	7,000	10,500

第5章　有利・不利判定　　173

- 被買収会社の株主は個人株主1人である（日本の居住者）。
- 被買収会社の株主が保有する被買収会社株式の取得価額は100百万円である。
- （B）M&A対象外の事業を簿価で切り離してから株式を譲渡する手法を採用した場合には，分割法人株式の帳簿価額から分割承継法人株式の帳簿価額に対して，100百万円が付け替えられるものとする（つまり，分割法人株式の帳簿価額は0百万円に減額される。）。
- 被買収会社には，2,500百万円の繰越欠損金が存在する。

法人税，住民税，事業税及び所得税の課税関係

(イ)　被買収会社側の税負担

	（A）M&Aの対象となる事業を譲渡する手法	（B）M&A対象外の事業を簿価で切り離してから株式を譲渡する手法	（C）M&A対象外の事業を時価で切り離してから株式を譲渡する手法
被買収会社	譲渡益が2,000百万円発生するが，繰越欠損金と相殺することができるため，実質的な税負担はない。 ※　被買収会社が中小法人に該当しない場合には，繰越欠損金を利用しようとする事業年度の課税所得の50%までしか繰越欠損金を使用することができない。	M&A対象外の事業を切り離しても，適格分割型分割であることから，課税関係は発生しない。	譲渡益が1,500百万円発生するが，繰越欠損金と相殺することができるため，実質的な税負担はない。 ※　被買収会社が中小法人に該当しない場合には，繰越欠損金を利用しようとする事業年度の課税所得の50%までしか繰越欠損金を使用することができない。
被買収会社の株主	被買収会社から株主に対する分配を行わないことから，同族	譲渡所得に対する課税＝（譲渡価額－譲渡原価）×20.315%	譲渡所得に対する課税＝（譲渡価額－譲渡原価）×20.315%

	会社等の留保金課税が適用される場合を除き，追加的な課税は生じない。	＝(2,000百万円－100百万円）×20.315% ＝385百万円	＝(10,500百万円－525百万円）×20.315% ＝2,026百万円
合計	税負担　0百万円	税負担　385百万円	税負担　2,026百万円

※　譲渡収入に５％を乗じた金額が実際の取得費を上回っているため，譲渡収入に５％を乗じた金額を譲渡原価とした（2,000百万円×５％＝100百万円，10,500百万円×５％＝525百万円，所基通38－16)。

(ロ)　買収会社側の税負担

	（Ａ）M&Aの対象となる事業を譲渡する手法	（Ｂ）M&A対象外の事業を簿価で切り離してから株式を譲渡する手法	（Ｃ）M&A対象外の事業を時価で切り離してから株式を譲渡する手法
買収会社	資産調整勘定2,000百万円を認識したことにより，将来の課税負担が圧縮される。 →実効税率が30%なので，節税効果は以下のとおり。 2,000百万円×30% ＝600百万円の節税効果	買収会社において，2,500百万円の繰越欠損金を利用することができる。 →実効税率が30%なので，節税効果は以下のとおり。 2,500百万円×30% ＝750百万円の節税効果	買収会社において，1,000百万円の繰越欠損金を利用することができる。 →実効税率が30%なので，節税効果は以下のとおり。 1,000百万円×30% ＝300百万円の節税効果
合計	税負担　△600百万円	税負担　△750百万円	税負担　△300百万円

(ハ)　合　計

	（Ａ）	（Ｂ）	（Ｃ）	有利・不利判定
被買収会社側	0百万円	385百万円	2,026百万円	（Ａ）が有利
買収会社側	△600百万円	△750百万円	△300百万円	（Ｂ）が有利
合計	△600百万円	△365百万円	1,726百万円	（Ａ）が有利

第5章 有利・不利判定 175

　このように，（A）M&Aの対象となる事業を譲渡する手法は，買収会社に
おいて資産調整勘定を認識することができるため，（B）M&A対象外の事業
を簿価で切り離してから株式を譲渡する手法が繰越欠損金を利用することに対
する代替的な効果を得ることができる。その結果，（B）M&A対象外の事業
を簿価で切り離してから株式を譲渡する手法を採用した場合には，被買収会社
の株主において譲渡所得が生じてしまうことから，（A）M&Aの対象となる
事業を譲渡する手法のほうが有利であるということになる。

　これに対し，被買収会社の株主において生じる譲渡所得も分割法人に7,000
百万円の負債を残した場合には，被買収会社の株主における株式譲渡収入が0
円となる（第6章参照）。この場合には，上記の有利・不利判定の結果は以下
のようになる。

	（A）	（B）	（C）	有利・不利判定
被買収会社側	0百万円	0百万円	2,026百万円	（A）（B）が有利
買収会社側	△600百万円	△750百万円	△300百万円	（B）が有利
合計	△600百万円	△750百万円	1,726百万円	（B）が有利

　このように，繰越欠損金の金額が資産調整勘定の金額よりも大きいため，
（B）M&A対象外の事業を簿価で切り離してから株式を譲渡する手法のほう
が有利になっている。ただし，資産調整勘定と繰越欠損金を比較する場合には，
繰越欠損金の使用期限を確認しておく必要がある。なぜなら，使用期限が到来
してしまうと，繰越欠損金が失効してしまい，節税メリットを享受することが
できないからである。

　さらに，（A）M&Aの対象となる事業を譲渡する手法と比べると，（B）
M&A対象外の事業を簿価で切り離してから株式を譲渡する手法は，所有権移
転登記の対象となる不動産が異なるため，両者の不動産取得税額，登録免許税
額も比較する必要があるという点に留意が必要である。

④ いずれの事業も含み損である場合

いずれの事業も含み損である場合の有利・不利判定の内容は「1 不動産を対象としたM&A」の内容と基本的には変わらない。

ただし，M&Aの対象となる事業に含まれる不動産に4,500百万円の含み損があり，のれんに1,500百万円の含み益がある場合には，（A）M&Aの対象となる事業を譲渡する手法を採用することにより，買収会社側で資産調整勘定の償却メリットを享受することができる。実務上は，この点についての追加的な分析が必要になる。

第6章 特殊な論点

　本章では，やや特殊な論点ではあるが，実務上，問題となりやすい点についてまとめた。それぞれ独立した項目となっているため，類似の事案に遭遇したときに参考にしてもらえれば幸いである。

1 適格分割型分割と譲渡価額の調整

(1) 株式譲渡損益の計算

　第4章で解説したように，平成29年度税制改正後は，適格分割型分割により，M&A対象外の事業を被買収会社のグループ会社に移転させたうえで，M&A対象の事業のみになった被買収会社の株式を取得する手法が容易に行えるようになった。

■適格分割型分割を利用したM&A手法

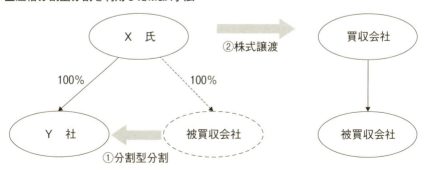

この手法を行う際に留意が必要なのは，分割法人（被買収会社）の株主が分割法人株式を譲渡していることから，株式譲渡損益が生じてしまうという点である。そして，適格分割型分割を行った場合には，分割法人株式の帳簿価額から分割承継法人株式の帳簿価額に以下の金額が付け替えられる（法令119①六，所令113①)。

分割承継法人株式に付け替えるべき金額

分割承継法人株式の帳簿価額 $= A \times \dfrac{B}{C}$

A ＝分割型分割の直前における分割法人株式（旧株）の帳簿価額
B ＝分割型分割の直前における分割事業の簿価純資産価額（零が下限となる。）
C ＝前期期末時における分割法人の簿価純資産価額（当該前期期末時から当該分割型分割の直前の時までの間に資本金等の額または利益積立金額（法令9①一に掲げる金額を除く。）が増加しまたは減少した場合には，その増減後の金額）

(注1)「前期期末時における分割法人の簿価純資産価額」とは，分割法人の分割型分割の日の属する事業年度の前事業年度終了の時の簿価純資産価額をいうが，分割型分割の日以前6か月以内に仮決算による中間申告書を提出し，かつ，その提出の日から分割型分割の日までの間に確定申告書を提出していなかった場合には，中間申告書に係る期間（事業年度開始の日以後6か月の期間）終了の時の簿価純資産価額をいう。

(注2) $\dfrac{B}{C}$（分割移転割合）は小数点以下第3位未満の端数を切り上げて計算する。

(注3) 特殊な事例
実務上，稀であると思われるが，以下に掲げるものについては，以下の計算方法に従って処理を行う。
　(i) 分割法人の分割型分割の直前の資本金等の額が零以下である場合には，分割移転割合は零とする。
　(ii) 分割法人の分割型分割の直前の資本金等の額及び分子の金額が零を超え，かつ，分母の金額が零以下である場合には，分割移転割合は1とする。
　(iii) 分割移転割合が1を超えるときは，分割移転割合を1とする。

このように，適格分割型分割を利用したM&A手法では，適格分割型分割を行った後の分割法人株式の帳簿価額を把握することが重要になる。

第6章　特殊な論点　　179

(2)　譲渡対価の調整方法

　さらに，適格分割型分割を利用したM&A手法では，分割法人に残る資産及び負債を調整することにより，分割法人株式の時価と帳簿価額を調整することができる点に留意が必要である。

　具体的には，M&Aの対象となる事業の事業価値が1,000百万円であり，分割前の分割法人において800百万円の有利子負債があると仮定する。この場合に，分割承継法人にすべての有利子負債を移転するのであれば，分割法人株式の譲渡代金は1,000百万円となる。これに対し，分割法人にすべての有利子負債を残すのであれば，分割法人株式の譲渡代金は200百万円となる。逆に，分割法人株式の時価を引き上げたいのであれば，余剰資金を分割承継法人に移転させるのではなく，分割法人に残せばよいということになる。

　上記の事例では，分割承継法人にすべての有利子負債を移転した場合に比べ，分割法人にすべての有利子負債を残した場合には，分割法人株式の譲渡代金が800百万円減少してしまうが，分割承継法人の時価純資産価額が800百万円増加するという違いが生じる。

　すなわち，分割法人の株主が譲渡代金を受け取るのではなく，有利子負債の減少により，実質的に，分割承継法人が譲渡代金を受け取ったのに近い状態が生じる。分割法人の株主が現金預金を保有しているよりは，分割承継法人が現金預金を保有しているほうが，相続税評価額が低くなりやすいことを考えると，分割法人に有利子負債を残すことにより分割法人株式の譲渡代金を低く抑えたほうが有利であるといえる。

　そして，理論上は，分割法人株式の譲渡代金を0円にすることができる。例えば，分割前に，金融機関から200百万円を借り入れたうえで，分割型分割により分割承継法人に200百万円の現金預金を移転させた場合には，分割法人における有利子負債の金額は1,000百万円となり，M&Aの対象となる事業の事業価値に等しくなるため，分割法人株式の時価は0円となる。

　もちろん，このタイミングで，分割法人の株主が譲渡代金の一部を収受した

いというニーズもあることから，分割法人株式の譲渡代金を 0 円ではなく，100百万円にすることも考えられる。この点についても，分割承継法人に移転する現金預金や有利子負債を調整することにより，ある程度の操作は可能になる。

(3)　役員退職慰労金の支給

　第 4 章で解説したように，役員退職慰労金を支給することにより，被買収会社で節税ができることから，オーナー企業に対するM&Aでは，役員退職慰労金を支給してから，被買収会社の株式を譲渡する手法が一般的である。例えば，被買収会社株式の時価が1,000百万円である場合には，300百万円の役員退職慰労金を支給することにより，700百万円で株式を譲渡する方法が用いられている。

　適格分割型分割を利用したM&A手法であっても，分割法人株式を譲渡した後に分割法人の役員を退任することから，役員退職慰労金を支給することは可能である。前述の事案では，譲渡の対象となる不動産の時価が1,000百万円であり，分割前の分割法人において800百万円の有利子負債があった。もし，役員退職慰労金の支給額を200百万円とした場合において，分割法人にすべての有利子負債を残すのであれば，分割法人が保有する資産の時価と負債の時価が一致するため，分割法人株式の譲渡代金を 0 円まで引き下げることが可能になる。その結果，分割法人の株主において譲渡所得を発生させないことが可能になる。

　このような役員退職慰労金の支給は，M&Aのタイミングで行われることが多い。例えば，10月 1 日に分割法人株式を譲渡し，9 月30日時点で役員を退任する場合において，役員退職慰労金を支払うためには，分割法人（被買収会社）が資金調達を行う必要がある。実務上，買収会社から分割法人に対する貸付けにより，そのための資金調達を行うことが多いと思われるが，役員退職慰労金の支給により，分割法人株式の時価が引き下げられていることから，買収会社にとっても不都合はない。

第6章 特殊な論点　181

　なお，適格分割型分割を利用したM&A手法では，M&Aの対象にならない
資産及び負債がすべて分割承継法人に移転していることが望ましい。しかしな
がら，分割の日の属する事業年度開始の日から分割の日の前日までに生じる法
人税，住民税及び事業税を確定させることは難しい。これに対し，役員退職慰
労金を支給した場合には，分割の日の属する事業年度において多額の損金が生
じることから，多くの場合において課税所得は生じない。その結果，住民税均
等割のみを考慮すればよいことになり[1]，買収会社と被買収会社との間で争いが
生じにくくなる。

2 ┃ 適格分割型分割と清算スキーム

(1)　条文解釈上の問題点

　平成22年度税制改正により，清算所得課税が廃止されたため，第2会社方式
を行った場合には，清算法人において債務免除益が生じることになる。そのた
め，この債務免除益と相殺するための損失として，繰越欠損金の損金算入（法
法57①）だけでなく，期限切れ欠損金の損金算入も認められている（法法59③）。
　上記の期限切れ欠損金は，適用年度の前事業年度の法人税確定申告書に添付
する別表五(一)「利益積立金額及び資本金等の額の計算に関する明細書」に記
載されている金額を基礎に計算を行うこととされている（法基通12-3-2）。
具体的には，適用年度の前事業年度の差引翌期首現在利益積立金額の合計額と
して記載されている金額が△1,000百万円である場合において，繰越欠損金が
700百万円であるときは，期限切れ欠損金が300百万円となる。
　適格分割型分割を行った場合に問題になりやすいのが，分割型分割により分
割法人が債務超過になる事案である。例えば，分割前の分割法人の簿価純資産
価額が1,000百万円であり，分割承継法人に移転する簿価純資産価額が3,500

1　むろん，固定資産税や事業所税などの税金もあるが，法人税，住民税及び事業税に比べ
　て金額を確定させることは容易であろう。

百万円であるときは，分割後の分割法人の簿価純資産価額は△2,500百万円となる。この場合には，利益積立金額のマイナスも増加していることから，法人税基本通達12－3－2の計算に従うと，期限切れ欠損金の金額も増加することになる[2]。

しかし，法人税法2条19号では，欠損金額の定義を「各事業年度の所得の金額の計算上当該事業年度の損金の額が当該事業年度の益金の額を超える場合におけるその超える部分の金額をいう。」，

同法59条3項では「その清算中に終了する事業年度（括弧内省略）前の各事業年度において生じた欠損金額（括弧内省略）を基礎として政令で定めるところにより計算した金額に相当する金額」を損金の額に算入する，

同法施行令118条では，政令で定めるところにより計算した金額とは，「適用年度（括弧内省略）終了の時における前事業年度以前の事業年度から繰り越された欠損金額（括弧内省略）の合計額」から法人税法57条1項の規定により適用年度の所得の金額の計算上損金の額に算入される欠損金額を控除した金額である，と規定している。

すなわち，法人税法の条文上は，過去の事業年度の欠損金額の積み重ねにより，期限切れ欠損金の金額を算定するようにも読め，法人税基本通達12－3－2は，このような計算をすることが不可能であるために，簡便計算を認めたものと解することもできる。そのように解するのであれば，適格分割型分割により利益積立金額のマイナスを増加させた場合には，当該増加させた部分の金額について，期限切れ欠損金として認めないという解釈もあり得る。

---

2 分割型分割の結果，分割法人が簿価ベースで債務超過になる場合には，法人税法施行令8条1項15号ロにおいて，「当該金額がイに掲げる金額（筆者注・178頁の算式における分割移転割合の分母C）を超える場合（括弧内省略）には，イに掲げる金額」と規定していることから，分割移転割合を1とみなして計算を行う。さらに，法人税法施行令9条1項本文において，「減算」と規定していることから，分割法人の資本金等の額のすべてが分割承継法人に移転することにより分割法人の資本金等の額が0円となり，利益積立金額がマイナスになる。

第6章　特殊な論点　　183

⑵　実務上の問題点

　実務上，分割法人において生じるべき資産の譲渡益と期限切れ欠損金とを相殺するために分割型分割が用いられる可能性がある。

　例えば，分割前の分割法人の簿価純資産価額が1,000百万円であり，時価純資産価額が4,000百万円であるとする。分割法人の資産及び負債の内訳は，A事業2,000百万円（時価5,000百万円），B事業7,000百万円（時価7,000百万円），負債8,000百万円であるとする。分割承継法人にB事業と負債（3,000百万円）を移転し，分割法人にA事業と負債（5,000百万円）を残した場合には，分割法人を解散しても残余財産がないことから，期限切れ欠損金の損金算入が可能となる。すなわち，分割後の分割法人の資本金等の額が0百万円となり，利益積立金額が△3,000百万円となるため，A事業の譲渡により生じる譲渡益3,000百万円と期限切れ欠損金を相殺することにより，実質的に資産の譲渡益が課税されないようにすることができる。

　しかし，このような資産の譲渡益に対する課税を回避するために，期限切れ欠損金を創出する行為については，租税回避であるとして否認されるべきであろう。すなわち，前述のように，法人税基本通達12－3－2は，分割前に債務超過でなかった法人が，適格分割型分割により債務超過になり，利益積立金額のマイナスを創出する場合にまで適用を認めたものではないと考えられる。

　法人税基本通達は，あくまでも法人税法の解釈にすぎないため，このような租税回避が行われた場合には，その適用を限定すべきであると考えられる。

3 ┃ 株式移転＋会社分割または現物分配を利用したM&A手法

⑴　平成29年度税制改正

　平成29年度税制改正前は，非適格株式交換・移転を行った場合において，完全子法人が保有する資産に対して行われる時価評価課税の対象に営業権が含ま

れると解されており，実務上も，株式交換・移転におけるハードルの1つとして考えられていた。

これに対し，平成29年度税制改正では，時価評価の対象となる資産から，帳簿価額が1,000万円未満の資産を除外することとされた（法令123の11①四）。その結果，営業権のほとんどは帳簿価額が0円であることから，実質的に営業権の時価評価課税が不要になった。

これに対し，後述するように，単独株式移転における税制適格要件の判定，非適格株式移転を行った場合における完全親法人の受入処理については何ら改正が行われていない。そのため，実務上，非適格株式移転を用いたM&Aスキームが検討されることがある。以下では，その内容についての解説を行う。

(2) 株式譲渡が見込まれている単独株式移転に対する税制適格要件の判定

株式移転を行った場合において，税制適格要件を満たすためには，グループ内の適格株式移転か，共同事業を営むための適格株式移転に該当する必要がある。単独株式移転を行った場合には，事業関連性要件を判定する相手先が存在しないため，グループ内の適格株式移転に該当しない限り，すべて非適格株式移転として処理される。

単独株式移転を行った場合において，グループ内の適格株式移転に該当するためには，株式移転後に株式移転完全親法人と株式移転完全子法人との間に株式移転完全親法人による完全支配関係が継続することが見込まれている必要がある（法令4の3㉒）。

すなわち，単独株式移転を行った後に，株式移転完全親法人が株式移転完全子法人株式をグループ外の者に対して譲渡する場合には，非適格株式移転として取り扱われる。

■単独株式移転後の株式譲渡

[ステップ1：株式移転]　　[ステップ2：株式譲渡]

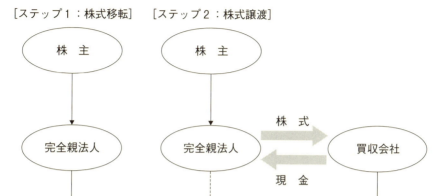

　さらに，非適格株式交換・移転に該当する場合であっても，法人税法62条の9第1項では，時価評価課税の対象から「株式交換又は株式移転の直前に当該内国法人と当該株式交換に係る株式交換完全親法人又は当該株式移転に係る他の株式移転完全子法人との間に完全支配関係があった場合における当該株式交換及び株式移転を除く」こととしているが，単独株式移転の場合には，「他の株式移転完全子法人」が存在しないことから，時価評価課税の対象から除外することはできない。

　このように，単純に株式を譲渡するのではなく，株式移転を行った後に，株式移転完全子法人株式を譲渡する場合には，株式移転完全子法人の資産に対して時価評価課税を適用した後に，株式譲渡を行うことになる。

(3) 非適格株式移転の税務処理

　前述のように，株式移転を行った後に，株式移転完全子法人株式を譲渡する場合には，非適格株式移転として取り扱われる。そして，非適格株式移転に該

当したとしても，平成29年度税制改正により，帳簿価額が1,000万円未満の資産は時価評価課税の対象から除外されている。

　この場合における株式移転完全子法人の株主の処理であるが，株式移転完全親法人株式以外の資産が交付されない場合には，株式譲渡損益の対象から除外されている（法法61の2⑪）。すなわち，単純に株式を譲渡した場合には株式譲渡損益が生じるのに対し，株式移転を行った後に，株式移転完全親法人が株式移転完全子法人株式を譲渡する場合には，株式移転完全子法人の株主において，株式譲渡損益は生じない。

　そして，株式移転完全親法人では，株式移転により株式移転完全子法人株式を取得することから，以下の仕訳を行うことになる。

【株式移転時の株式移転完全親法人の仕訳】

　（完全子法人株式）　　　　×××　（資本金等の額）　　　　×××

　この場合の株式移転完全子法人株式の受入価額は，「その取得の時におけるその有価証券の取得のために通常要する価額」であると規定されている（法令119①二十七）。なお，非適格株式移転に該当する場合であっても，株式移転の直前に株式移転完全子法人と他の株式移転完全子法人との間に完全支配関係があるときは，適格株式移転に該当する場合と同様に株式移転完全子法人株式の帳簿価額または株式移転完全子法人の簿価純資産価額を基礎に計算を行う（法令119①十二）。

　これに対し，非適格株式移転に該当する単独株式移転を行った場合には，そのような規定が存在しないため，「その取得の時におけるその有価証券の取得のために通常要する価額」により受入処理を行うことになる。

　その後，株式移転完全子法人株式の譲渡を行った場合には，株式移転から株式譲渡までの間に時価が変動しない限り，譲渡価額と帳簿価額が一致していることから，結果として株式譲渡損益は生じない。

　このように，株式移転を行った後に，株式移転完全親法人が株式移転完全子法人株式を譲渡する場合には，株式移転完全子法人の株主，株式移転完全親法

人において課税が生じない一方，株式移転完全子法人の保有する資産に対する時価評価課税が行われるため，一応のバランスの取れた税制になっていたといえる。

⑷　非適格株式移転を利用したM&Aスキーム

①　非適格株式移転後の株式譲渡

しかし，平成29年度税制改正により，帳簿価額が1,000万円未満の資産が時価評価課税の対象から除外されたことにより，そのバランスが崩れたといえる。例えば，被買収会社（A社）の株主がX氏のみであり，X氏のA社株式の帳簿価額が10百万円であると仮定する。そして，A社の簿価純資産価額が1,000百万円であり，A社株式の譲渡価額が3,000百万円を予定していたとする。

もし，含み益（2,000百万円）の原因が帳簿価額1,000万円以上の土地であったとすれば，非適格株式移転により，株式移転完全子法人において2,000百万円の評価益を計上することになる。そして，前述のように，株式移転完全子法人の株主，株式移転完全親法人において課税は生じない。

これに対し，含み益の原因が営業権であったとすれば，帳簿価額が1,000万円未満であることが多いため，非適格株式移転に該当したとしても，結果的に時価評価の対象になる資産は存在しない。このような場合であっても，株式移転完全親法人における株式移転完全子法人株式の受入価額が「その取得の時におけるその有価証券の取得のために通常要する価額」となるため，株式移転完全子法人の株主，株式移転完全親法人において課税は生じない。すなわち，含み益の原因が営業権である場合には，現行法上，株式譲渡益，時価評価益に対する課税を逃れながら株式を譲渡することが可能であるといえる。

このような手法については，包括的租税回避防止規定（法法132の2，所法157④）の適用が問題となろう。なぜなら，単純に株式を譲渡するのではなく，株式移転を行った後に株式を譲渡する手法は，「組織再編成を利用して税負担を減少させることを意図したものであって，組織再編税制に係る各規定の本来の趣旨及び目的から逸脱する態様でその適用を受けるもの又は免れるもの（最

一小判平成28年2月29日TAINSコードZ888-1984，最二小判平成28年2月29日TAINSコードZ888-1983)」と認められる可能性があるからである。

その一方で，「行為・計算の不自然性が全く認められない場合や，そのような行為・計算を行うことの合理的な理由となる事業目的等が十分に存在すると認められる場合には，他の事情を考慮するまでもなく，不当性要件に該当すると判断することは困難であると考えられる」[3]という指摘もあることから，経済合理性がある場合や，事業目的が十分に認められる場合には，包括的租税回避防止規定を適用することができない。

したがって，非適格株式移転を行った後に，株式移転完全親法人が株式移転完全子法人株式を譲渡する場合には，包括的租税回避防止規定が適用されないように，経済合理性や事業目的が説明できるようにしておく必要があると考えられる。

②　非適格株式移転＋現物分配後の株式譲渡

実務上，非適格株式移転を行った後に，株式移転完全子法人から株式移転完全親法人に対して現物分配を行うことが考えられる。現物分配における税制適格要件では現物分配の直前の完全支配関係しか要求されていないため，現物分配の後に株式移転完全子法人株式の譲渡が見込まれていたとしても，適格現物分配に該当する（法法２十二の十五）。例えば，株式移転完全子法人株式の時価が3,000百万円であり，適格現物分配により移転する資産の帳簿価額が500百万円である場合には，以下の仕訳が行われる。

【株式移転完全親法人の仕訳】

（i）非適格株式移転

（完全子法人株式）	3,000百万円	（資本金等の額）	3,000百万円

（ii）適格現物分配

（資　　　産）	500百万円	（受取配当金）	500百万円

3　徳地淳・林史高「判解」ジュリスト1497号86頁（平成28年）。

第6章　特殊な論点　　189

　※　株式分配の制度から，「その現物分配により当該発行済株式等の移転を受ける者が
　　その現物分配の直前において当該現物分配法人との間に完全支配関係がある者のみで
　　ある場合における当該現物分配」が除外されているため（法法２２の十五の二），
　　株式移転完全子法人の100％子会社株式を対象とする現物分配を行ったとしても，「当
　　該所有株式のうち当該完全子法人の株式に対応する部分の譲渡を行ったもの」とみな
　　して，法人税法61条の２第１項の規定を適用するという同条８項の規定は適用されな
　　い。

　上記の事案において，適格現物分配の対象となった資産の時価が300百万円
であると仮定する。この場合には，株式移転完全子法人株式の時価が2,700
百万円まで減額されるため，株式移転完全子法人株式を2,700百万円で譲渡す
ることにより，株式移転完全親法人において300百万円の譲渡損が発生する。
これに対し，適格現物分配により生じた500百万円の受取配当金については，
法人税法62条の５第４項において，益金の額に算入しないこととされている。
そのため，株式譲渡損と受取配当金の両建てにより，株式移転完全親法人にお
いて，多額の損金を発生させることが可能になる。

③　非適格株式移転＋剰余金の配当後の株式譲渡

　このような手法は，金銭を交付する剰余金の配当を行う場合であっても同様
の効果が期待できる。なお，株式移転を行った後に，すぐに剰余金の配当を行
う場合には，その他の株式等として，益金不算入の対象にならない金額が生じ
るように思える。この点については，株式移転前に株式移転完全子法人とその
株主との間に当該株主による完全支配関係がある場合において，計算期間の中
途において株式移転を行ったときは，当該計算期間の初日から株式移転の日ま
で継続して当該完全支配関係があり，かつ，同日から当該計算期間の末日まで
継続して，株主，株式移転完全親法人及び株式移転完全子法人との間に当該株
主による完全支配関係が継続すれば，完全子法人株式等として受取配当等の益
金不算入の対象にすることが認められている（法令22の２①括弧書）。

　そして，剰余金の配当により徴収される源泉所得税に対する所得税額控除に
ついては，株式移転完全親法人が取得した株式移転完全子法人株式の特例が認
められているため（法令140の２②），徴収された源泉所得税の全額について，

所得税額控除の対象にすることができる。

④ 非適格株式移転＋分割型分割後の株式譲渡

さらに、非適格株式移転を行った後に、株式移転完全子法人を分割法人とし、株式移転完全親法人を分割承継法人とする吸収分割を行う場合が考えられる。

一般的に、分割承継法人（株式移転完全親法人）が分割法人（株式移転完全子法人）の発行済株式の全部を保有している場合には、対価を交付したとしても、対価を交付しなかったとしても、分割後の資本関係は変わらないため、対価を交付しない無対価分割を行うことが多いと思われる。法人税法上、このような無対価分割は、分割型分割として取り扱われることとされている（法法２十二の九ロ）。

平成29年度税制改正により、分割前に、分割承継法人が分割法人株式の全部を保有している場合には、支配関係継続要件が要求されないことになったため（法令４の３⑥一イ）、このような無対価分割は、適格分割型分割として処理されることになる。

■無対価分割後における分割法人株式の譲渡

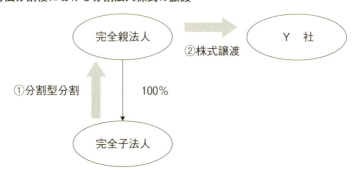

このような無対価分割を行った場合には、前述の現物分配や剰余金の配当と異なり、以下のように、分割承継法人が保有する分割法人株式の帳簿価額が変動する（法令119の３⑪、119の４①、119の８）。

第6章 特殊な論点　　191

分割法人株式から減額すべき金額

分割法人株式から減額すべき金額 $= A \times \dfrac{B}{C}$

　A ＝分割型分割の直前における分割法人株式（旧株）の帳簿価額
　B ＝分割型分割の直前における分割事業の簿価純資産価額（零が下限となる。）
　C ＝前期期末時における分割法人の簿価純資産価額（当該前期期末時から当該
　　　分割型分割の直前の時までの間に資本金等の額または利益積立金額（法令9
　　　①一に掲げる金額を除く。）が増加しまたは減少した場合には，その増減後
　　　の金額）

　上記の分割移転割合は，時価総額を基礎として行うのではなく，簿価純資産
価額を基礎に行うことから，分割型分割を行った後に株式譲渡を行う場合には，
株式譲渡益が生じることや，株式譲渡損が生じることも考えられる。

⑤　包括的租税回避防止規定の検討

　前述のように，②から④のスキームにおいても，包括的租税回避防止規定の
検討が必要になる。①と異なるのは，株式移転完全親法人において，多額の株
式譲渡損が生じる可能性があるという点である。そのため，株式移転を行う経
済合理性，事業目的だけでなく，現物分配，剰余金の配当または分割型分割を
行う経済合理性，事業目的についても説明できるようにしておく必要がある。

　④のように結果的に生じてしまうのであればともかくとして，②③では意図
的に株式譲渡損を認識できてしまうため，より慎重な検討が必要になると考え
られる。

⑸　ま と め

　このように，平成29年度税制改正後は，被買収会社の含み益の原因が営業権
である場合には，非適格株式移転を利用したM&Aスキームが有効である。も
ちろん，包括的租税回避防止規定に留意する必要があるが，実際には，同規定
を適用することが困難である事案も少なくないと思われる。

このような問題が生じるのは，単独株式移転がグループ法人税制の対象外とされているからである。前述のように，非適格株式交換・移転に該当する場合であっても，グループ法人税制の対象になる場合には，適格株式交換・移転と同様の取扱いとなるため，このようなスキームを利用することができない。単独株式移転はグループ外の法人と行う組織再編ではないことから，単独株式移転をグループ法人税制の対象に含めることにより，立法的な解決が図られるべき問題点であると考えられる。

4 ┃ 相続開始後のM&A

相続の対象となった株式を相続税の申告期限から3年以内に譲渡した場合には，その譲渡の対象となった株式に対する相続税を取得費に加算することが認められている（措法39）。

そのため，事業譲渡方式ではなく，株式譲渡方式を選択する良いタイミングであるように思える。しかしながら，非上場株式等に係る贈与税及び相続税の納税猶予の特例（措法70の7〜70の7の8）を受けている場合において，被買収会社株式の譲渡をしたときは，猶予税額と利子税を納付する必要が生じる。

事業譲渡方式を採用すると，解散した場合，資産保有型会社または資産運用型会社になった場合，総収入金額が零となった場合には，納税猶予額と利子税を納付する必要が生じる。

これらの論点は，M&A対象外の事業を切り離してから株式を譲渡する手法を採用する場合であっても同様である。そのため，第5章で分析した有利・不利判定に加えて，上記の点についての追加的な検討が必要になるという点に留意が必要である。

第7章 繰越欠損金を利用した節税手法

M&Aの対象となる会社に繰越欠損金がある場合には，買収会社の利益と相殺することによる節税を検討することがある。さらに，事業譲渡方式または会社分割方式を採用する場合において，多額の譲渡益が生じる事案では，その譲渡益と相殺できるだけの繰越欠損金を有する別会社の買収を検討することがある。これらはいずれも，適格合併を行った場合に，合併法人が被合併法人の繰越欠損金を引き継ぐことができるという特例（法法57②）を利用した手法である。

1 組織再編税制

(1) M&Aと繰越欠損金

税制適格要件の判定上，吸収合併を行った場合において，グループ内合併に該当するかどうかは，合併の直前と合併後の支配関係（または完全支配関係）の継続見込みで判定を行う。すなわち，たとえ外部から買収した会社と合併した場合であっても，合併の直前に支配関係が成立していれば支配関係における合併に該当し，合併の直前に完全支配関係が成立していれば完全支配関係における合併に該当する。

適格合併に該当した場合には，原則として，被合併法人の繰越欠損金を合併法人に引き継ぐことができる。そのため，繰越欠損金や資産の含み損を有する外部の会社をあえて買収するような租税回避行為を防止するために，支配関係（50%超の資本関係）が生じてから5年を経過していない法人と適格合併を

行った場合には，繰越欠損金の引継制限，使用制限，特定資産譲渡等損失の損金不算入が課されている（法法57③④，62の7）。具体的な繰越欠損金の引継制限，使用制限は，以下のフローチャートにより判定を行う。

■繰越欠損金の引継制限・使用制限の判定フローチャート

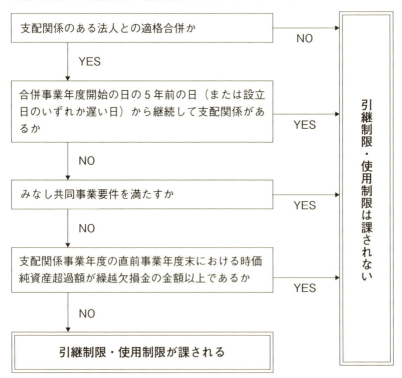

　特定資産譲渡等損失の損金不算入についても，以下のフローチャートにより判定が行われる。

■特定資産譲渡等損失の損金不算入の判定フローチャート

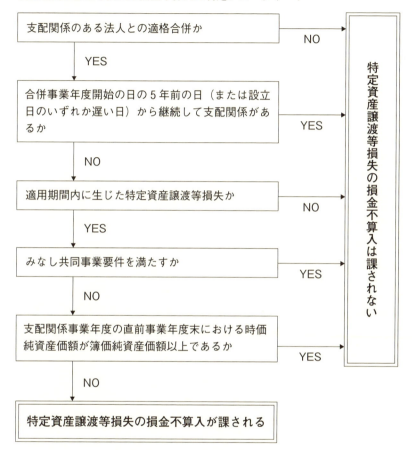

　このように、これらの制限は、支配関係が生じてから5年以内に適格合併等を行った場合に適用されることから、事業譲渡または会社分割により生じる譲渡益と子会社の繰越欠損金を相殺する場合において、その子会社との支配関係が生じてから5年を経過しているときは、繰越欠損金の引継制限、使用制限、特定資産譲渡等損失の損金不算入は課されない。
　しかし、M&Aを行う場合には、被買収会社が有している繰越欠損金と買収会社の利益との相殺や、買収会社が有している繰越欠損金と被買収会社の利益

との相殺を検討することが多い。このような場合には，買収後5年を経過してから合併を行うという選択肢もあるが，そこまで待つことができないこともある。そのため，みなし共同事業要件や時価純資産超過額がある場合の特例のいずれかを利用して，繰越欠損金の引継制限・使用制限，特定資産譲渡等損失の損金不算入を回避する必要がある。

なお，ここで留意が必要なのは，買収会社と被買収会社が合併する場合には，被買収会社から引き継ぐ繰越欠損金や特定資産だけでなく，買収会社が買収前に有する繰越欠損金や特定資産も制限の対象になるという点である。そのため，買収会社が買収前に有する繰越欠損金や特定資産が制限の対象になる場合には，買収会社の子会社と被買収会社の合併を検討することもある。ただ，実際には，買収会社が繰越欠損金を保有しておらず，かつ，特定資産もないことから，結果として，問題にならないことも少なくない。

⑵　みなし共同事業要件

①　概　要

支配関係発生日から合併法人の合併事業年度開始の日までの期間が5年未満であっても，みなし共同事業要件を満たすのであれば，繰越欠損金の引継制限・使用制限，特定資産譲渡等損失の損金不算入は適用されない。

具体的に，みなし共同事業要件を満たすためには，以下の要件を満たす必要がある（法令112③，⑩）。

イ．事業関連性要件
ロ．事業規模要件
ハ．事業規模継続要件
ニ．ロ，ハを満たさない場合には，特定役員引継要件

第7章　繰越欠損金を利用した節税手法　197

②　事業関連性要件

　例えば，吸収合併を行った場合において，事業関連性要件を満たすためには，被合併法人の被合併事業と合併法人の合併事業とが相互に関連する必要がある（法令112③一，⑩）。ここで，被合併事業とは被合併法人の合併前に行う主要な事業のうちのいずれかの事業をいい，合併事業とは合併法人の合併前に行う事業のうちのいずれかの事業をいう。

　実務上，事業関連性のない法人を買収することは稀であるため，「関連性」があるかどうかよりも，そもそも「事業」があるかどうかという点が問題となる。

　具体的に，「事業」があるか否かの判定は，以下のすべての要件に該当するか否かにより行われる（法規3①一）。

(ⅰ)　事務所，店舗，工場その他の固定施設を所有し，または賃借していること。

(ⅱ)　従業者（役員にあっては，その法人の業務に専ら従事するものに限る。）が存在すること。

(ⅲ)　自己の名義をもって，かつ，自己の計算において次に掲げるいずれかの行為をしていること。

　(イ)　商品販売等（商品の販売，資産の貸付けまたは役務の提供で，継続して対価を得て行われるものをいい，その商品の開発もしくは生産または役務の開発を含む。）

　(ロ)　広告または宣伝による商品販売等に関する契約の申込みまたは締結の勧誘

　(ハ)　商品販売等を行うために必要となる資料を得るための市場調査

　(ニ)　商品販売等を行うにあたり法令上必要となる行政機関の許認可等の申請または当該許認可等に係る権利の保有

　(ホ)　知的財産権の取得をするための諸手続の実施または知的財産権等の所有

　(ヘ)　商品販売等を行うために必要となる資産（固定施設を除く。）の所

有または賃借

　(ト)　上記に掲げる行為に類するもの

　実務上，問題となりやすい事案としては，固定施設が存在しなかったり，従業者が存在しなかったり，売上が反復継続的に計上されていなかったりする場合である。ただし，国税庁HP文書回答事例「投資法人が共同で事業を営むための合併を行う場合の適格判定について（照会）」において，上記3要素のすべてを満たした場合に事業があると判断するだけであり，上記3要素を満たせない合併のすべてに事業がないと判断するわけではないとされており，柔軟に対応すべき場合もある点に留意が必要である。

③　事業規模要件

(i)　基本的な取扱い

　例えば，吸収合併を行った場合において，事業規模要件を満たすためには，被合併法人の被合併事業とそれに関連する合併法人の合併事業のそれぞれの売上金額，それぞれの従業者の数，被合併法人と合併法人のそれぞれの資本金の額もしくはこれらに準ずるものの規模の割合がおおむね5倍を超えないことが必要になる（法令112③二，⑩）。売上金額，従業者の数，資本金の額及びこれらに準ずるもののすべての規模の割合がおおむね5倍以内である必要はなく，いずれか1つのみがおおむね5倍以内であれば事業規模要件を満たすことになる（法基通1－4－6（注））。

(ii)　売上金額の比較

　売上金額の規模を比較する際に問題になるのは，従業者の数や資本金の額と異なり，合併直前の一時点の売上金額だけではその会社の規模を把握するのに適切とはいえず，一定期間の売上金額によって規模を判定する必要があるという点である。

　通常のケースであれば，合併の直前の規模を把握することから，会社の規模

第7章　繰越欠損金を利用した節税手法　　199

を把握することができる範囲内でなるべく短い期間の売上金額であることが望ましいと思われるが，季節変動の激しい事業や短期的に売上が増減するような事業もあるため，1週間や1か月の売上金額では会社の規模を正しく反映していないことも少なくなく，1年間の売上金額をもって会社の規模を把握すべきであると考えられる。

　そのため，合併の直前までの間に，異常な売上の増減がある場合を除き，合併の直前1年間の売上金額によって，事業規模要件を判定すべきである。

(iii)　従業者の数の比較

　従業者の数の規模については，売上金額と異なり，合併の直前における従業者の数を比較する。この場合における「従業者」とは，「従業員」とは異なり，合併の直前において被合併法人の合併前に行う事業に現に従事する者として定義されている（法基通1-4-4）。

　そのため，従業員だけでなく，取締役，監査役，執行役，出向受入社員，派遣社員，アルバイトやパートタイムで働いている者なども含まれる。なお，他社に出向している者は，たとえ従業員であっても，合併法人または被合併法人の事業に従事していないことから，「従業者」からは除かれる。

(iv)　資本金の額の比較

　資本金の額の規模の比較も，合併の直前における資本金の額で比較する。この場合の「資本金の額」とは，会社法上の資本金の額をいうため，法定準備金や剰余金は含まれない。そのため，簿価純資産価額が大きく異なるにもかかわらず，資本金の額の規模の割合が5倍以内であることを理由として，事業規模要件を満たしてしまう事案も少なくない。

　また，実務上，売上金額，従業者の数は，合併直前まで規模が変動することが多いため，まずは，資本金の額の規模の割合が5倍以内であるか否かを判定し，資本金の額で事業規模要件を満たせない場合にのみ，売上金額，従業者の数の規模を把握することが多いと思われる。

(ⅴ) これらに準ずるものの規模の割合

　法人税基本通達1−4−6では，「これらに準ずるものの規模」とは，「例えば，金融機関における預金量等，客観的・外形的にその事業の規模を表すものと認められる指標」を指すとされている。

　具体的にどのようなものが「客観的・外形的」にその事業の規模を表すのかについては明らかにされていないが，その会社の属する業界において，事業規模を表す指標として認識されているものがあれば，それを使用することができると考えられる。

④　事業規模継続要件

　例えば，吸収合併を行った場合における事業規模継続要件の具体的な内容は以下のとおりである。

　イ．被合併事業が，被合併法人と合併法人との間に最後に支配関係があることとなった時から適格合併の直前の時まで継続して行われており，かつ，最後に支配関係があることとなった時と適格合併の直前の時における被合併事業の規模の割合がおおむね2倍を超えないこと（法令112③三，⑩）

　ロ．合併事業が，合併法人と被合併法人との間に最後に支配関係があることとなった時から適格合併の直前の時まで継続して行われており，かつ，最後に支配関係があることとなった時と適格合併の直前の時における合併事業の規模の割合がおおむね2倍を超えないこと（法令112③四，⑩）

　このような事業規模継続要件が課されている趣旨は，合併直前に規模を増減させることにより，事業規模要件を形式的に満たそうとする租税回避行為を防止するためであると考えられる。

　なお，事業規模継続要件で判定する指標は，事業規模要件の判定で用いた指標に限られている点にも留意が必要である。すなわち，資本金の額について事業規模要件を満たすと判定された場合には，事業規模継続要件が要求されるの

は資本金の額のみであり,売上金額,従業者の数については,事業規模継続要件は課されない。

したがって,事業関連性要件を満たしている場合において,売上金額,従業者の数,資本金の額もしくはこれらに準ずるもののうち,事業規模要件と事業規模継続要件の両方を満たす指標がいずれか1つでもあれば,みなし共同事業要件を満たすことができる。そして,事業規模要件と事業規模継続要件の両方を満たす指標がない場合において,みなし共同事業要件を満たすためには,特定役員引継要件を満たす必要がある。

■事業規模要件及び事業規模継続要件

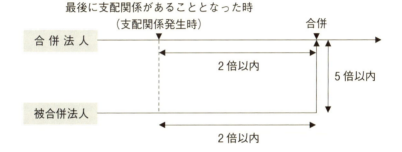

⑤ 特定役員引継要件

例えば,吸収合併を行った場合において,特定役員引継要件を満たすためには,合併前の被合併法人の特定役員のいずれかと合併法人の特定役員のいずれかとが,合併後に合併法人の特定役員になることが見込まれていることが必要になる(法令112③五,⑩)。特定役員とは,社長,副社長,代表取締役,代表執行役,専務取締役,常務取締役またはこれらに準ずる者で法人の経営に従事している者をいう。

特定役員の引継ぎについては,「いずれかの者」と規定されていることから,被合併法人の特定役員1人以上と合併法人の特定役員1人以上が,合併後に合併法人の特定役員になることが見込まれていれば足りるため,全員が合併法人の特定役員になることまでは要求されていない。そして,特定役員が合併後の

合併法人においていつまで勤務する必要があるのかについて議論になりやすいが、自然な退職である限り、原則として通常の任期を全うすれば問題ない。

なお、事業規模継続要件が設けられた趣旨と同様に、これらの特定役員は、支配関係発生日前（支配関係が設立により生じたものである場合には、同日）に役員であった者に限定されている点に留意が必要である。

■特定役員引継要件

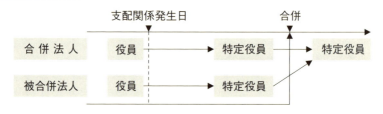

(3) 時価純資産超過額または簿価純資産超過額がある場合の特例

繰越欠損金の引継制限、使用制限、特定資産譲渡等損失の損金不算入について、下表のような特例が認められている。例えば、被合併法人の繰越欠損金が3億円であり、時価純資産超過額（時価純資産価額が簿価純資産価額を超える部分の金額）が10億円である場合には、適格合併を行わなくても、被合併法人において自力で繰越欠損金を利用できることから、繰越欠損金の引継制限を課す必要がないという趣旨で設けられた特例である（法令113、123の9）。かつては、この場合の時価純資産価額の算定においてのれんを含めることができるかどうかについては議論があったが、平成22年頃にはのれんを含めることができるという解釈が一般的になった。このことは、『平成29年度税制改正の解説』333頁（注3）でも明らかにされている。そのため、買収価額を基礎に被買収会社の時価純資産価額を算定することにより、時価純資産超過額を引き上げることが可能になる。

このような特例が認められているものの、みなし共同事業要件を満たす場合には、この特例を利用しなくても、繰越欠損金の引継制限、使用制限、特定資

第7章 繰越欠損金を利用した節税手法　203

産譲渡等損失の損金不算入の適用対象から除外される。そのため，この特例を利用しなければならないケースはかなり稀であるといえる。

■時価純資産超過額または簿価純資産超過額である場合の特例

		時価純資産超過額が繰越欠損金以上である場合	時価純資産超過額が繰越欠損金未満である場合	簿価純資産超過額がある場合
繰越欠損金	支配関係発生事業年度前の繰越欠損金	引継制限・使用制限は課されない。	時価純資産超過額を超える部分についてのみ，引継制限・使用制限が課される。	引継制限・使用制限が課される。
	支配関係発生事業年度以後の繰越欠損金	引継制限・使用制限は課されない。		特定資産譲渡等損失相当額のうち，簿価純資産超過額に相当する部分については，引継制限・使用制限が課される。
特定資産譲渡等損失の損金不算入		損金算入制限は課されない。		①繰越欠損金の特例あり　損金算入制限は課されない。②繰越欠損金の特例なし　簿価純資産超過額の範囲内で損金算入制限が課される。

(4)　特定資産譲渡等損失からの除外

①　繰越欠損金の引継制限・使用制限

繰越欠損金の引継制限・使用制限の対象になったとしても，すべての繰越欠損金に対して制限が課されるわけではなく，以下の金額のみが制限を受ける（法法57③，④）。

> 一　支配関係事業年度前の繰越欠損金のすべて
> 二　支配関係事業年度以後の繰越欠損金のうち特定資産譲渡等損失相当額

M&Aの実務では，買収前に生じた繰越欠損金と買収後に生じた繰越欠損金のうち特定資産譲渡等損失相当額が制限の対象になる。このうち，特定資産譲渡等損失相当額とは，特定資産譲渡等損失の損金不算入（法法62の7①）の規定により計算した場合に，損金の額に算入することができない金額をいう（法令112⑤一，⑪）。

　そのため，買収後に生じた繰越欠損金のうち，特定資産譲渡等損失相当額から除外することができるかが問題となる。後述するように，「特定資産」から除外することができるかどうかが重要になるが，実務で頻出するものとして，役員退職慰労金の支給が挙げられる。なぜなら，例えば，買収会社が3月決算である場合において，買収の日が平成30年10月1日であるときは，平成31年3月期が支配関係事業年度となる。そして，役員退職慰労金の支払いを買収の日である平成30年10月1日に行うことが多いため，役員退職慰労金から構成される繰越欠損金は支配関係事業年度以後の繰越欠損金となる。役員退職慰労金の支払いは，明らかに資産の譲渡等により生じた損失ではないため，特定資産譲渡等損失相当額から除外することができる。

　このほか，後述するように，買収後に発生した営業損失についても，特定資産譲渡等損失相当額から除外できるものが多いと考えられる。

　このように，特定資産譲渡等損失相当額から除外することができれば，みなし共同事業要件を満たしていなくても，被買収会社の繰越欠損金を買収会社に引き継ぐことが可能になる。

②　特定資産譲渡等損失の損金不算入

　特定資産譲渡等損失の損金不算入は，「特定資産」の「譲渡等」により生じた損失について制限される。すなわち，特定資産から除外することができれば，特定資産譲渡等損失の損金不算入の対象から除外することができる。具体的に，特定資産とは支配関係発生日前から有する資産をいうが，例外として，以下の資産は除外されている（法令123の8③，⑭）。

第7章　繰越欠損金を利用した節税手法　　205

（ⅰ）　棚卸資産（土地，土地の上に存する権利を除く。）

（ⅱ）　短期売買商品，売買目的有価証券

（ⅲ）　帳簿価額または取得価額が1,000万円に満たない資産

（ⅳ）　支配関係発生日の属する事業年度開始の日における時価が税務上の帳簿価額以上である資産

　このうち，(ⅲ)が極めて重要である。なぜなら，評価単位が小さいことから，1,000万円に満たない資産がかなり存在するからである。例えば，売掛金のような資産については，1債務者当たりの金額が小さい場合であっても，すべての売掛金を合計すると多額の金額になることが多い。

　この点につき，法人税法施行規則27条の15第1項では，以下の評価単位により1,000万円未満であるか否かを判定することが明らかにされている。

■評価単位

区　　分		評価単位
一　金銭債権		債務者ごと
二　減価償却資産		
	イ　建物	一棟（建物の区分所有等に関する法律1条（建物の区分所有）の規定に該当する建物にあっては，同法2条1項（定義）に規定する建物の部分）ごと
	ロ　機械及び装置	一の生産設備または一台もしくは一基（通常一組または一式をもって取引の単位とされるものにあっては，一組または一式）ごと
	ハ　その他	上記に準じて区分する。
三　土地等		一筆（一体として事業の用に供される一団の土地等にあっては，その一団の土地等）ごと
四　有価証券		銘柄の異なるごと
五　その他の資産		通常の取引の単位を基準として区分する

上記の評価単位により帳簿価額または取得価額が1,000万円未満か否かを判定することから，帳簿価額または取得価額が1,000万円以上の金額になる特定資産は限定的であると考えられる。また，細かい点であるが，帳簿価額または取得価額が1,000万円未満か否かの判定における留意事項を下記にまとめたため，ご参照されたい。

(イ) マンションの評価

実務上，同一の建物の中に2部屋のマンションを保有している場合，例えば，301号室と302号室に区分されている場合に，どのように評価を行うのかが問題になる。まず，マンションについては，土地の部分と建物の部分に分けて評価がなされていることから，それぞれに分けて帳簿価額が1,000万円未満か否かを判定する。

このうち，土地の部分については，一筆または一団ごとに判定することから，同一の建物の敷地部分であれば，別の部屋であっても一体として評価を行うべきである。これに対し，建物部分については，1棟ごとに判定することが原則であるが，建物の区分所有等に関する法律1条（建物の区分所有）の規定に該当する建物にあっては，同法2条1項（定義）に規定する建物の部分ごとに区分して判定することになる。

すなわち，建物の区分所有等に関する法律1条では，「一棟の建物に構造上区分された数個の部分で独立して住居，店舗，事務所又は倉庫その他建物としての用途に供することができるものがあるときは，その各部分は，この法律の定めるところにより，それぞれ所有権の目的とすることができる。」と規定されており，同一の建物の中に301号室と302号室を保有している場合には，それぞれが所有権の目的となることが明らかにされている。さらに，同法2条1項では，「この法律において「区分所有権」とは，前条に規定する建物の部分（第4条第2項の規定により共用部分とされたものを除く。）を目的とする所有権をいう。」と規定されており，ここでいう「建物の部分」とは，区分された所有権である301号室，302号室であることから，301号室，302号室にそれぞれ

分けて，帳簿価額が1,000万円未満か否かを判定するという結論になる。

そのため，マンションが評価対象になる場合には，土地と建物を区分した上で，さらに，建物を部屋ごとに区分する必要があるという点に留意が必要である。

㈡　建物附属設備の評価

実務上，建物附属設備をどのように評価するのかという点が問題になる。なぜなら，不動産鑑定評価等では，建物と一体として評価されていることが多いからである。

しかし，法人税法施行令13条に規定する減価償却資産の意義では「建物及びその附属設備」と規定しているのに対し，法人税法施行規則27条の15第1項2号イでは，単に「建物」と規定していることから，建物附属設備は同項2号ハの「その他の減価償却資産」に該当すると考えられる。

そのため，条文の体系上，建物と建物附属設備は一体として評価を行うのではなく，それぞれ別個に，帳簿価額が1,000万円未満か否かを判定することになる。

㈧　新たな資産の取得とされる資本的支出があった資産

新たな資産の取得とされる資本的支出があった資産の移転を受けた場合には，法人税法施行令55条4項に規定する一の減価償却資産の取得価額ではなく，旧減価償却資産の取得価額と追加償却資産の取得価額の合計額により判定を行う（法基通12の2−2−6，7−8−4）。

上記のほか，負債サイドである退職金の支払い，損害賠償金の支払い，保証債務の履行などにより多額の損失が生じた場合であっても，特定資産から生じた損失ではないため，特定資産譲渡等損失の損金不算入の対象にはならない。このように，特定資産譲渡等損失の損金不算入の適用対象になったとしても，特定資産から除外できるものが多いため，実際に損金算入が制限される金額は

かなり小さくなると考えられる。

(5) 譲渡等損失からの除外

特定資産譲渡等損失の「譲渡等損失」とは，譲渡，評価換え，貸倒れ，除却その他これらに類する事由による損失額と規定されている。しかし，「譲渡等損失」の対象から除外されるものが法令上列記されており，例えば，「減価償却資産の除却」（ただし，当該減価償却資産の帳簿価額が，適正な減価償却を行ったものと仮定した場合における帳簿価額に相当する金額のおおむね2倍を超えるものを除く。）が譲渡等損失から除外されている（法令123の8④五,⑮）。

(6) まとめ

M&Aを行った後の事業統合では，被買収会社の繰越欠損金を引き継ぐことができるのかという点から検討を始めることが多いが，被買収会社から引き継ぐ特定資産や，買収会社が買収前に有する繰越欠損金，特定資産に対して，それぞれ制限が課されるかについても検討が必要である。

本書では，網羅性の観点から，時価純資産超過額がある場合の特例や特定資産譲渡等損失からの除外についても解説したが，みなし共同事業要件を満たしていれば，これらを検討するまでもなく，繰越欠損金の引継制限・使用制限，特定資産譲渡等損失の損金不算入は課されない。そのため，実務上は，みなし共同事業要件を満たすかどうかが最も重要であるという点にご留意されたい。

2 ┃ 欠損等法人

平成18年度税制改正前は，繰越欠損金のあるペーパー会社を取得し，当該ペーパー会社で事業を開始することで，繰越欠損金を不当に利用するという租税回避が行われていた。そのため，平成18年度税制改正では，外部から繰越欠損金や含み損を有する法人（以下「欠損等法人」という。）を買収した場合において，その買収した日（50%超の資本関係が成立した日）から5年以内に，

第7章　繰越欠損金を利用した節税手法　　209

一定の事由に該当することになったときは，「特定株主等によって支配された
欠損等法人の欠損金の繰越しの不適用（法法57の2）」，「特定株主等によって
支配された欠損等法人の資産の譲渡等損失額の損金不算入（法法60の3）」が
それぞれ課されることになった。

　このように租税回避を防止するための措置であることから，実際に適用され
るケースは極めて限定的であり，具体的に，以下のように規定されている。

---

① 　欠損等法人が特定支配日の直前において事業を営んでいない場合にお
　　いて，特定支配日以後に事業を開始すること。
② 　欠損等法人が特定支配日の直前において営む事業（以下，「旧事業」
　　という。）のすべてを当該特定支配日以後に廃止し，または廃止するこ
　　とが見込まれている場合において，当該旧事業の当該特定支配日の直前
　　における事業規模のおおむね5倍を超える資金の借入れまたは出資によ
　　る金銭その他の資産の受入れを行うこと。
③ 　他の者または関連者が当該他の者及び関連者以外の者から欠損等法人
　　に対する特定債権を取得している場合において，当該欠損等法人が旧事
　　業の当該特定支配日の直前における事業規模のおおむね5倍を超える資
　　金借入れ等を行うこと。
④ 　「欠損等法人が特定支配日の直前において事業を営んでいない場合」，
　　「欠損等法人が旧事業のすべてを当該特定支配日以後に廃止し，または
　　廃止することが見込まれている場合」または「特定債権が取得されてい
　　る場合」において，欠損等法人が自己を被合併法人とする適格合併を行
　　い，または当該欠損等法人（他の内国法人との間に当該他の内国法人に
　　よる完全支配関係があるものに限る。）の残余財産が確定すること。
⑤ 　欠損等法人が特定支配関係を有することとなったことに基因して，当
　　該欠損等法人の当該特定支配日の直前の特定役員のすべてが退任（業務
　　を執行しないものとなることを含む。）をし，かつ，当該特定支配日の
　　直前において当該欠損等法人の業務に従事する使用人（以下，「旧使用

人」という。）の総数のおおむね100分の20以上に相当する数の者が当該
欠損等法人の使用人でなくなった場合において，当該欠損等法人の非従
事事業（当該旧使用人が当該特定支配日以後その業務に実質的に従事し
ない事業をいう。）の事業規模が旧事業の当該特定支配日の直前におけ
る事業規模のおおむね5倍を超えることとなること。

　したがって，繰越欠損金や資産の含み損の利用を目的とした買収については，
当該繰越欠損金や資産の含み損を利用することができない可能性があるという
点に留意が必要である。

【著者略歴】

佐藤　信祐（さとう　しんすけ）

公認会計士，税理士，法学博士
公認会計士・税理士　佐藤信祐事務所所長
平成11年　朝日監査法人（現有限責任あずさ監査法人）入社
平成13年　公認会計士登録，勝島敏明税理士事務所（現デロイトトーマツ税理士法人）入所
平成17年　税理士登録，公認会計士・税理士佐藤信祐事務所開業
平成29年　慶應義塾大学大学院法学研究科後期博士課程修了（法学博士）

必要なものだけ事業承継
税務上の有利・不利と不要な資産の売り方

2018年6月10日　第1版第1刷発行

著　者　佐　藤　信　祐
発行者　山　本　　　継
発行所　㈱中　央　経　済　社
発売元　㈱中央経済グループ
　　　　パブリッシング

〒101-0051　東京都千代田区神田神保町1-31-2
電　話　03 (3293) 3371 (編集代表)
　　　　03 (3293) 3381 (営業代表)
http://www.chuokeizai.co.jp/
製版／三英グラフィック・アーツ㈱
印刷／三　英　印　刷　㈱
製本／㈲井　上　製　本　所

© 2018
Printed in Japan

＊頁の「欠落」や「順序違い」などがありましたらお取り替えいたしますので発売元までご送付ください。（送料小社負担）

ISBN978-4-502-26621-8　C3034

JCOPY〈出版者著作権管理機構委託出版物〉本書を無断で複写複製（コピー）することは，著作権法上の例外を除き，禁じられています。本書をコピーされる場合は事前に出版者著作権管理機構（JCOPY）の許諾を受けてください。
　JCOPY〈http://www.jcopy.or.jp　eメール：info@jcopy.or.jp　電話：03-3513-6969〉

●実務・受験に愛用されている読みやすく正確な内容のロングセラー！

定評ある税の法規・通達集シリーズ

所得税法規集
日本税理士会連合会 編
中央経済社

❶所得税法 ❷同施行令・同施行規則・同関係告示 ❸租税特別措置法（抄） ❹同施行令・同施行規則（抄） ❺震災特例法・同施行令・同施行規則（抄） ❻復興財源確保法（抄） ❼復興特別所得税に関する政令・同省令 ❽災害減免法・同施行令（抄） ❾国外送金等調書提出法・同施行令・同施行規則・同関係告示

所得税取扱通達集
日本税理士会連合会 編
中央経済社

❶所得税取扱通達（基本通達／個別通達） ❷租税特別措置法関係通達 ❸国外送金等調書提出法関係通達 ❹災害減免法関係通達 ❺震災特例法関係通達 ❻索引

法人税法規集
日本税理士会連合会 編
中央経済社

❶法人税法 ❷同施行令・同施行規則・法人税申告書一覧表 ❸減価償却用年数省令 ❹法人税法関係告示 ❺地方法人税法・同施行令・同施行規則 ❻租税特別措置法（抄） ❼同施行令・同施行規則・同関係告示 ❽震災特例法・同施行令・同施行規則（抄） ❾復興財源確保法（抄） ❿復興特別法人税に関する政令・同省令 ⓫租特透明化法・同施行令・同施行規則

法人税取扱通達集
日本税理士会連合会 編
中央経済社

❶法人税取扱通達（基本通達／個別通達） ❷租税特別措置法関係通達（法人税編） ❸連結納税基本通達 ❹租税特別措置法関係通達（連結納税編） ❺減価償却用年数省令 ❻機械装置の細目と個別年数 ❼耐用年数の適用等に関する取扱通達 ❽震災特例法関係通達 ❾復興特別法人税関係通達 ❿索引

相続税法規通達集
日本税理士会連合会 編
中央経済社

❶相続税法 ❷同施行令・同施行規則・同関係告示 ❸土地評価審議会令・同省令 ❹相続税法基本通達 ❺財産評価基本通達 ❻相続税法関係個別通達 ❼租税特別措置法（抄） ❽同施行令・同施行規則（抄）・同関係告示 ❾租税特別措置法（相続税法の特例）関係通達 ❿震災特例法・同施行令・同施行規則（抄）・同関係告示 ⓫震災特例法関係通達 ⓬災害減免法・同施行令（抄） ⓭国外送金等調書提出法・同施行令・同施行規則・同関係通達 ⓮民法（抄）

国税通則・徴収法規集
日本税理士会連合会 編
中央経済社

❶国税通則法 ❷同施行令・同施行規則・同関係告示 ❸同関係通達 ❹租税特別措置法・同施行令・同施行規則 ❺国税徴収法 ❻同施行令・同施行規則 ❼滞調法・同施行令・同施行規則 ❽税理士法・同施行令・同施行規則・同関係告示 ❾電子帳簿保存法・同施行規則・同関係告示 ❿行政手続オンライン化法・国税関係法令に関する省令・同関係告示 ⓫行政手続法 ⓬行政不服審査法 ⓭行政事件訴訟法（抄） ⓮組織的犯罪処罰法（抄） ⓯没収保全と滞納処分との調整令 ⓰犯罪収益規則（抄） ⓱麻薬特例法（抄）

消費税法規通達集
日本税理士会連合会 編
中央経済社

❶消費税法 ❷同別表第三等に関する法令 ❸同施行令・同施行規則・同関係告示 ❹消費税法基本通達 ❺消費税申告書様式等 ❻消費税法等関係取扱通達等 ❼租税特別措置法（抄） ❽同施行令・同施行規則（抄）・同関係通達 ❾消費税転嫁対策法・同ガイドライン ❿震災特例法・同施行令（抄）・同関係告示 ⓫震災特例法関係通達 ⓬税制改正法等 ⓭地方税法（抄） ⓮同施行令・同施行規則（抄） ⓯所得税・法人税政省令（抄） ⓰輸徴法令 ⓱関税法令（抄） ⓲関税定率法令（抄）

登録免許税・印紙税法規集
日本税理士会連合会 編
中央経済社

❶登録免許税法 ❷同施行令・同施行規則 ❸租税特別措置法・同施行令・同施行規則（抄） ❹登録免許税法関係告示 ❺印紙税法 ❻同施行令・同施行規則 ❼印紙税法基本通達 ❽租税特別措置法・同施行令・同施行規則（抄） ❾印紙税額一覧表 ❿震災特例法・同施行令・同施行規則（抄） ⓫震災特例法関係通達等

中央経済社